Jana Islakar

Autonomes Fahren

Ethische, rechtliche und gesellschaftliche Herausforderungen

Bibliografische Information der Deutschen Nationalbibliothek:

Die Deutsche Nationalbibliothek verzeichnet diese Publikation in der Deutschen Nationalbibliografie; detaillierte bibliografische Daten sind im Internet über http://dnb.d-nb.de abrufbar.

Impressum:

Copyright © Science Factory 2019

Ein Imprint der GRIN Publishing GmbH, München

Druck und Bindung: Books on Demand GmbH, Norderstedt, Germany

Covergestaltung: GRIN Publishing GmbH

Inhaltsverzeichnis

Abbildungsverzeichnis V

Abkürzungsverzeichnis VI

1 Einleitung 9

    1.1 Problemstellung 10

    1.2 Zielsetzung und Aufbau der Arbeit 11

2 Autonomes Fahren und die untergeordneten Automatisierungsstufen 14

    2.1 Geschichte und Entwicklungsstand 14

    2.2 Vision Zero: Der Weg zum unfallfreien Fahren 17

    2.3 Begriffsbestimmung „Autonomie" 19

    2.4 Autonomes Fahren nach SAE J3016 21

    2.5 Autonomes Fahren nach BASt 24

3 Moralische und ethische Herausforderungen 25

    3.1 Abgrenzung von Moral und Ethik 25

    3.2 Roboter und Pflichtbewusstsein 27

    3.3 Algorithmen und Programmierung 32

    3.4 Dilemma-Situationen 39

    3.5 Ethische Präferenzen 42

    3.6 Leitlinien der Bundesrepublik Deutschland 44

4 Technische Herausforderungen durch die großflächige Einführung von autonomen Fahrzeugen 47

    4.1 Anpassung der Infrastruktur 47

    4.2 Umweltaspekte 49

    4.3 Datenschutz der personenbezogenen Daten 51

    4.4 Sicherheitsaspekte und Schutz gegen Manipulation 56

5 Gesellschaftliche Herausforderungen durch die großflächige Einführung von autonomen Fahrzeugen 60

    5.1 Arbeitsmarktentwicklung 60

    5.2 Akzeptanz in der Gesellschaft 61

    5.3 Rechtliches 66

6 Fazit **69**

    6.1 Zielerreichung 69

    6.2 Perspektiven 70

Literaturverzeichnis **72**

    Gesetzesverzeichnis 82

    Internetquellen 83

Abbildungsverzeichnis

Abbildung 1: Beispielhafte Darstellung eines Künstlichen Neuronalen Netzes 35

Abbildung 2: Beziehung zwischen Künstlicher Intelligenz, Maschinellem Lernen und Tiefem Lernen 36

Abkürzungsverzeichnis

2015 IEEE GC. Wkshps.	2015 IEEE Globecom Workshops
AAAI-18	Thirthy-Second AAAI Conference On Artificial Intelligence 2018
ABS	Anti-Blockier System
Am. J. Public Health	American Journal of Public Health
Annu. Rev. Control	Annual Reviews in Control
APuZ	Aus Politik und Zeitgeschichte
ATZ	Automobiltechnische Zeitschrift
ATZextra	Automobiltechnische Zeitschrift Extra
AutoUi 16	Automotive'UI 16
BASt	Bundesanstalt für Straßenwesen
bdw	bild der wissenschaft
Behav. Brain Sci.	Behavioral and Brain Sciences
BGBI	Bundesgesetzblatt
BIBB	Bundesinstitut für Berufsbildung
c't	c't – magazin für computertechnik
Car2X	Car-to-everything
CHI 17	Proceedings of the 2017 CHI Conference on Human Factors in Computing Systems
Cogn. Comput.	Cognitive Computation
Curr. Sci.	Current Science
DARPA	Defense Advanced Research Projects Agency
DHBW	Duale Hochschule Baden-Württemberg
DSGVO	Datenschutz-Grundverordnung
eCrime 2017	2017 APWG Symposium on Electronic Crime Research
Ethical Theory Moral Pract.	Ethical Theory and Moral Practice
Ethics Inf. Technol.	Ethics and Information Technology
Front. Big Data	Frontiers in Big Data
GLONASS	Global Navigation Satellite System

GPS	Global Positioning System
IAB	Institut für Arbeitsmarkt- und Berufsforschung
IEEE Commun. Mag.	IEEE Communications Magazine
IEEE ICVES 2017	2017 IEEE International Conference on Vehicular Electronics and Safety
IEEE ITSC 2017	2017 IEEE 20th International Conference on Intelligent Transportation Systems
IEEE J. Sel. Areas Commun.	IEEE Journal on Selected Areas in Communications
IEEE T. Intell. Transp.	IEEE Transactions on Intelligent Transportation Systems
IEEE Wirel. Commun.	IEEE Wireless Communications
IOP Conf. Ser.: Mater. Sci. Eng.	IOP Conference Series: Materials Science and Engineering
IUI 2017	2017 International Conference on Intelligent User Interfaces
IUJUR	Indiana University Journal of Undergraduate Research
J. Cogn. Eng. Decis. Mak.	Journal of Cognitive Engineering and Decision Making
J. Exp. Theor. Artif. Intell.	Journal of Experimental and Theoretical Artificial Intelligence
J. Fac. Educ. Sci.	Journal of Faculty of Educational Sciences
J. Mod. Transp.	Journal of Modern Transportation
JETL	Journal of European Tort Law
JOT	Journal für Oberflächentechnik
K.I.T.T.	Knight Industries Two Thousand
KI	Künstliche Intelligenz
KNN	Künstliche Neuronale Netze
Lancet Glob. Health	The Lancet Global Health
manag.Sem.	managerSeminare: Das Weiterbildungsmagazin
Nat. Hum. Behav.	Nature Human Behaviour
Nature	Nature: a weekly journal of science
NHTSA	National Highway Traffic Safety Administration

PDW	Prinzip der Doppelwirkung
RAW	Recht Automobil Wirtschaft
SAE	Society of Automotive Engineers
SAE Int. J. Transp. Saf.	SAE International Journal of Transportation Safety
Safety Sci.	Safety Science
Science	Science Magazine
StVÜbk	Übereinkommen über den Straßenverkehr
sui gen.	sui generis
TICOM	Technology of Information and Communication
Transport Res. A-Pol	Transportation Research Part A: Policy and Practice
Transport Res. C-Emer	Transportation Research Part C: Emerging Technologies
TÜV	Technischer Überwachungsverein
UN-ECE	Wirtschaftskommission für Europa der Vereinten Nationen
Univ. Pa. J. Int. Law	University of Pennsylvania Journal of International Law
V2X	Vehicle-to-everything
VM	Versicherungsmagazin
W & M	Wirtschaftsinformatik & Management
WHO	Weltgesundheitsorganisation
Yale Law J.	Yale Law Journal
ZVS	Zeitschrift für Verkehrssicherheit

1 Einleitung

„Er kommt – Knight Rider – Ein Auto, ein Computer, ein Mann. Knight Rider – Ein Mann und sein Auto kämpfen gegen das Unrecht!"[1]

Mit diesen Worten begann jede Folge der Kultklassiker-Serie „Knight Rider" in den 1980er Jahren, in der Michael Knight mit seinem intelligenten und sprechenden Auto namens K.I.T.T. gefährliche Missionen ausführte.[2] Der schwarze Pontiac war mit künstlicher Intelligenz ausgestattet und konnte ohne menschliche Anweisungen automatisch fahren, ließ sich aber auch manuell steuern. In bestimmten Ausnahmefällen übernahm K.I.T.T. vollständig die Regie, nämlich dann, wenn sich Michael ansonsten in Gefahr gebracht hätte.[3] Was zum Ausstrahlungszeitpunkt der Serie Science-Fiction war, ist nun, im Jahr 2019, alles andere als Zukunftsmusik. Autonomes Fahren erscheint zum Greifen nah, nicht zuletzt durch die Autopilot-Funktionen verschiedener Tesla-Modelle, die allerdings bislang vor allem durch Unfälle Schlagzeilen machten.[4]

Durch die rasante technische Entwicklung, da sind sich Experten[5] weltweit einig, ist das Autonome Fahren in naher Zukunft nicht mehr aus dem Verkehr und der Städteplanung wegzudenken. Bis Fahrzeuge sich jedoch komplett selbstständig durch den Verkehr bewegen werden, ist es noch ein weiter Weg. Nichtsdestotrotz kann anhand von Zahlen zur Forschung und Entwicklung festgestellt werden, dass großes Interesse an dem Thema besteht. Im Jahr 2016 investierte die deutsche Automobilbranche 40,2 Milliarden Euro, um Forschung und Entwicklung voranzubringen.[6] Das entspricht laut Verband der Autoindustrie einem Drittel der weltweit aufgewendeten Forschungskosten.[7]

Auch das Bundesministerium für Bildung und Forschung fördert Forschungsinitiativen zur autonomen elektrischen Mobilität, da die Weiterentwicklung in diesem Bereich eine Grundlage für neue Geschäftsmodelle und

---

[1] *Becker, J.*, Knight, 2018, o. S.
[2] Vgl. *Becker, J.*, Knight, 2018, o. S.
[3] Vgl. *Kröger, F.*, Verantwortung, 2015, S. 60; *Minx, E., Dietrich, R.*, Fahren, 2015, S. 49.
[4] Vgl. *tagesschau.de*, Unfall, 2018, o. S.
[5] Aus Gründen der besseren Lesbarkeit wird auf die gleichzeitige Verwendung männlicher und weiblicher Sprachformen verzichtet. Sämtliche Personenbezeichnungen gelten gleichermaßen für beiderlei Geschlecht.
[6] Vgl. *Verband der Automobilindustrie*, Forschung, 2017, o. S.
[7] Vgl. ebd.

Dienstleistungen sein könnte.[8] Das Bundesministerium für Wirtschaft und Energie möchte vor allem die kleinen und mittelständischen Unternehmen im Bereich Elektronik und Autonomes Fahren unterstützen.[9]

Diese Entwicklung wird begünstigt durch die Offenheit der deutschen Fahrzeughalter für den Einsatz fortschrittlicher Technologien und den Wunsch nach stetiger Weiterentwicklung existierender Funktionalitäten.[10] Die technologischen Fortschritte im Bereich des Autonomen Fahrens werden bereits jetzt in aktuellen Serienfahrzeugen verbaut und genutzt.[11] Durch diese Einführung von teil- bis vollautonomen Fahrzeugen wird die Automobilbranche mit einer gewaltigen Transformation konfrontiert. Die Grenzen zwischen fahrender Person und Fahrzeug verschwimmen.

1.1 Problemstellung

Der Mensch gehört durch sein Verhalten am Straßenverkehr schon immer zum größten Sicherheitsrisiko beim Autofahren. Hierfür gibt es viele Ursachen, beispielsweise die Nichteinhaltung der Geschwindigkeitsvorschriften, die Benutzung des Smartphones während der Fahrt, das Drängeln oder ein zu geringer Sicherheitsabstand.[12] Das Autonome Fahren soll eine Zukunftsvision von wenigen bzw. keinen Unfällen realisieren. Die Frage ist jedoch, ob Fahrzeuge und Straßen so verändert werden können, dass keine Unfälle mehr entstehen und wie insbesondere Dilemma-Situationen gelöst werden sollen.[13] Es braucht ein grundlegendes Vertrauen des Fahrenden in das autonome Fahrzeug, schwierige Situationen souverän zu meistern. Sonst ist aufgrund von Vorbehalten eine flächendeckende Einführung der Technologie nicht realistisch.[14] Neben den technischen Aspekten wie Sicherheit und Datenschutz müssen daher auch moralische und ethische Aspekte genau analysiert werden.[15]

---

[8] Vgl. Bundesministerium für Bildung und Forschung, Bekanntmachung, 2017, o. S.
[9] Vgl. Bundesministerium für Wirtschaft und Energie, Elektronik, 2018, o. S.
[10] Vgl. McKinsey & Company, Offenheit, 2017, o. S.
[11] Vgl. *Winkle, T.*, Berücksichtigung, 2015, S. 613.
[12] Vgl. *CosmosDirekt*, Verhaltensweisen, 2018, o. S.
[13] Vgl. *Dudenhöffer, F.*, Kurve, 2016, S. 102-105.
[14] Vgl. *Häuslschmid, R. et al.*, Trust, 2017, S. 319-329.
[15] Vgl. *Barabás, I. et al.*, Challenges, 2017, o. S.

Diese Herausforderungen sind das Thema der vorliegenden Arbeit. Der Fokus liegt dabei auf der Frage, welche Probleme zu lösen sind, wenn es zu einer weitreichenden Einführung autonomer Fahrzeuge kommen soll. Dies betrifft sowohl Überlegungen im Vorfeld einer solchen Einführung wie auch Herausforderungen, die erst durch die Einführung entstehen können.

Die Forschungsfrage lautet entsprechend: Welche Herausforderungen sind durch die großflächige Einführung von autonomen Fahrzeugen zu erwarten? Und weiter: Welche weiteren Maßnahmen müssen getroffen werden, damit eine Einführung erfolgreich ist?

1.2 Zielsetzung und Aufbau der Arbeit

Das Ziel der Arbeit ist es, einen aktuellen Stand der gesellschaftlichen Herausforderungen und der Debatte im moralisch-ethischen Bereich auszuarbeiten und zusammenfassend darzustellen. Dies ist sinnvoll, weil die Entwicklungen beim Autonomen Fahren schnell voranschreiten und eine umfassende Publikation wie beispielsweise der Sammelband „Autonomes Fahren" von Maurer et al. seit seinem Erscheinen im Jahr 2015 bereits an Aktualität eingebüßt hat.[16] Der Mehrwert liegt darüber hinaus in der ganzheitlichen Betrachtungsweise: Statt moralische oder gesellschaftliche Aspekte isoliert zu analysieren, versucht diese Arbeit, die Vielseitigkeit gegebener Problematiken zu erfassen. So wird die Komplexität der Herausforderungen deutlich und es vermittelt sich ein realistisches Bild des Stands der Dinge.

Die gewählte Methode ist die Literaturrecherche. Es werden einschlägige Monographien und Sammelbände wie auch aktuelle Erscheinungen in deutsch- und englischsprachigen Journals konsultiert. Die Bachelor-Thesis wurde nach dem Leitfaden zur formalen Gestaltung von Seminar- und Abschlussarbeiten der FOM Hochschule für Oekonomie & Management, Stand Februar 2018, erstellt.

Der Einleitung folgt in Kapitel 2 eine Einführung in das Thema „Autonomes Fahren". Neben der Geschichte und dem Entwicklungsstand (2.1) wird mit der „Vision Zero" außerdem der Sinn und Zweck der technologischen Neuerung dargelegt (2.2). Im Anschluss erfolgt in Unterkapitel 2.3 eine Bestimmung des Begriffs Autonomie, um für die nachfolgenden Ausführungen im Rahmen dieser Arbeit zu einem einheitlichen Verständnis zu gelangen. Im Anschluss werden

---

[16] Vgl. *Maurer, M. et al.*, Autonomes, 2015, o. S.

die Niveaus von Autonomie nach der SAE J3016 und der Bundesanstalt für Straßenwesen (BASt) erläutert (2.4 und 2.5).

Die Zusammenstellung der Herausforderungen in drei Bereiche (Kapitel 3 bis 5) wurde methodisch inspiriert von der Gestaltung des eben bereits erwähnten Sammelbandes „Autonomes Fahren", welcher im Verlag Springer Vieweg erschienen ist.[17] Die Herausgeber teilten die zu betrachtenden Aspekte in die Kategorien (I) Human and Machine, (II) Mobilität, (III) Verkehr, (IV) Sicherheit, (V) Recht und Haftung und (VI) Akzeptanz. Diese wurden von der Autorin noch einmal zusammengefasst, sodass drei große Oberthemen für die Herausforderungen entstanden: Moralische und ethische Herausforderungen (Kapitel 3), Technische Herausforderungen (Kapitel 4) und Gesellschaftliche Herausforderungen (Kapitel 5).

Das Kapitel 3, „Moralische und ethische Herausforderungen", umfasst dabei zunächst eine Abgrenzung der Begriffe Moral und Ethik (3.1), die Erläuterung von Pflichtbewusstsein bei Robotern (3.2), einen Abschnitt über Algorithmen und Programmierung (3.2) sowie eine eingehende Analyse der Dilemma-Situationen (3.3), die einen Kernkonflikt beim Autonomen Fahren darstellen.

Kapitel 4, „Technische Herausforderungen durch die großflächige Einführung von autonomen Fahrzeugen", geht auf vier wesentliche Schwierigkeiten im Bereich Technologie und Mobilität ein: Die Infrastruktur (4.1), Umwelt- und Umweltschutzaspekte (4.2), mögliche Probleme mit dem Datenschutz (4.3) sowie, ganz zentral, Sicherheit und Schutz gegen Manipulation (4.4).

Kapitel 5, „Gesellschaftliche Herausforderungen durch die großflächige Einführung von autonomen Fahrzeugen", befasst sich schließlich mit der Arbeitsmarktentwicklung, die Autonomes Fahren mit sich bringen könnte (5.1), der Frage nach der Akzeptanz in der Gesellschaft (5.2) und rechtlichen Aspekten (5.3). Bei letztem Punkt gibt es erhebliche Überschneidungen zum Thema Moral und Ethik, was gewissermaßen den begonnenen Kreis schließt.

Abschließend folgt in Kapitel 6 ein Fazit, in dem die Herausforderungen noch einmal zusammengefasst, die Forschungsfrage beantwortet und das Forschungsvorhaben selbst im Rückblick kritisch betrachtet wird.

---

[17] Vgl. *Maurer, M.*, Autonomes, 2015, S. 2.

Die Arbeit endet mit einem Ausblick auf weiterführende Entwicklungen beim Autonomen Fahren sowie interessante Forschungsfragen, die wissenschaftlich forschende Personen künftig beschäftigen könnten bzw. sollten.

2 Autonomes Fahren und die untergeordneten Automatisierungsstufen

In dem folgenden Kapitel geht es zunächst um die Geschichte sowie den aktuellen Entwicklungsstand des Autonomen Fahrens (2.1). Das Kapitel „Vision Zero" (2.2) beschreibt die Zielsetzungen der technologischen Neuerung. Ferner wird der Begriff Autonomie definiert, sodass im Anschluss mit einem einheitlichen Verständnis, der Ausdruck Autonomes Fahren anhand der Normen SAE J3016 und BASt detailliert erläutert werden kann (2.4 und 2.5).

2.1 Geschichte und Entwicklungsstand

Als an das Auto noch gar nicht zu denken war, setzte der Mensch bereits vor Jahrtausenden das Pferd als Fortbewegungsmittel ein. Um weite Entfernungen schnell und bequem zu erreichen, wurde es vor eine Kutsche gespannt.[18] Pferde verfügen über ein gutes Gedächtnis.[19] Ein eingebauter Kompass mit ausgeprägtem Orientierungssinn ermöglicht das Erinnern an besuchte Straßen und Ortschaften.[20] Diese Eigenschaft sowie die Möglichkeit eigenständig denken und handeln zu können, verleihen dem Tier eine Art von Autonomie.[21] Schlief die Person auf dem Kutschbock ein oder geschah ein anderes ungeplantes Vorkommnis, war das Pferd in der Lage, am Wegesrand zu halten oder dem aktuellen Pfad weiter zu folgen und das Gespann ohne Führung nach Hause zu bringen.[22]

Im Jahr 1886 begann das Automobilzeitalter. Der deutsche Ingenieur Carl Friedrich Benz meldete das Patent für sein Fahrzeug mit Gasmotorenbetrieb an.[23] Das erste Auto erinnerte äußerlich stark an eine Kutsche ohne Pferdegespann.[24] Es wurde durch einen Einzylinder-Viertaktmotor angetrieben, welcher eine Leistung von 0,75 PS (0,55 kW) erbringen konnte.[25]

---

[18] Vgl. *Wedeniwski, S.*, Mobilitätsrevolution, 2015, S. 31.
[19] Vgl. *von Oeynhausen, B.*, Pferdeliebhaber, 1865, S. 243.
[20] Vgl. *Behling, S. et al.*, Pferde, 2019, S. 22-23.
[21] Vgl. *Maurer, M.*, Autonomes, 2015, S. 2.
[22] Vgl. *Minx, E., Dietrich, R.*, Fahren, 2015, S. 37.
[23] Vgl. *Daimler AG*, Automobil, o. J., o. S.
[24] Vgl. *Wedeniwski, S.*, Mobilitätsrevolution, 2015, S. 31.
[25] Vgl. *Daimler AG*, Automobil, o. J., o. S.

Der Ausdruck Automobil besteht aus dem Kompositum des griechischen Begriffs autós (selbst, persönlich, eigen) und des lateinischen mobilis (beweglich) und bedeutet „selbstbeweglich". Das Automobil bewegt sich eigenständig fort. Gleichzeitig wurde dem Transportmittel im Vergleich zur Pferdekutsche die Eigenständigkeit des Handelns entzogen und durch nichts Gleichartiges ersetzt.[26] Beim Automobil war die fahrende Person wieder in jeder Lebenslage selbst dafür verantwortlich, wohin sich das Gefährt bewegte. In Bezug auf die Autonomie der Fortbewegungsform war das Auto daher eigentlich ein Rückschritt.[27] Es gewann jedoch schnell an Akzeptanz, da das Reisen darin, vor allem auf langen Strecken, als bequem und vorteilhaft angesehen wurde.[28]

Die technische Entwicklung schritt zügig voran und die Tauglichkeit des Gefährten für die noch holprigen Straßen verbesserte sich stetig. Abläufe im Herstellungsprozess wurden optimiert und die Produktion erfolgte immer preiswerter. Somit war das Auto nach und nach auch für eine breite Masse erschwinglich. Aufgrund der großen Beliebtheit in der Bevölkerung entwickelte es sich schnell weiter. Allerdings dauerte es noch Jahrzehnte, bis die Autonomie des Gefährts wieder eine Rolle spielte.[29]

Im Jahr 1954 wurde der erste Tempomat, ähnlich wie dieser heute bekannt ist, in einem Fahrzeug eingebaut. Der Tempomat bietet der fahrenden Person die Möglichkeit, die Geschwindigkeit des Fahrzeugs automatisch zu halten. Diese technische Errungenschaft wird als Fahrerassistenzsystem bezeichnet und markiert den (erneuten) Beginn des Autonomen Fahrens.[30]

Weitere Fahrerassistenzsysteme sind beispielsweise Sicherheitssysteme wie das Antiblockiersystem (ABS) und die Elektronische Stabilitätskontrolle. Weiterhin machen Systeme wie der Spurhalteassistent oder der Abstandsregeltempomat die Fahrzeuge sicherer, bequemer und zunehmend autonom.[31]

Die Entwicklung der ersten autonomen Fahrzeuge erfolgte in den 2000er Jahren bei der Defense Advanced Research Projects Agency (DARPA). Um den Entwicklungsstand zu testen, wurde im Jahr 2004 die erste DARPA Grand Challenge organisiert. Die fahrer-losen Fahrzeuge traten gegeneinander in der

---

[26] Vgl. *Minx, E., Dietrich, R.*, Fahren, 2015, S. 37.
[27] Vgl. *Maurer, M.*, Autonomes, 2015, S. 2.
[28] Vgl. *Brandstädter, P.*, Bequem, 2016, o. S.
[29] Vgl. *Wedeniwski, S.*, Mobilitätsrevolution, 2015, S. 32.
[30] Vgl. *Kröger, F.*, Verantwortung, 2015, S. 56.
[31] Vgl. *Minx, E., Dietrich, R.*, Fahren, 2015, S. 59.

Wüste Nevadas an, aber keines erreichte das Ziel. Eine Wiederholung erfolgte im Jahr 2005. Diesmal erreichten mehrere Teams das Ziel. Aufgrund des großen Erfolgs und öffentlichen Interesses wurde zwei Jahre später die DARPA Urban Challenge veranstaltet. Erstmals sollten die fahrerlosen Fahrzeuge in einem Gebiet, das einer Vorstadt ähnelte, mit anderen Verkehrsteilnehmenden und Verkehrsregeln unterwegs sein. Auch diese Veranstaltung wurde gut angenommen und es konnten große Datenmengen gesammelt werden, die im Anschluss ausgewertet wurden. Infolgedessen starteten Zulieferer, Fahrzeughersteller und weitere beteiligte Unternehmen eigene Forschungsprojekte.[32]

Die Fortschritte und Entwicklungen des Autonomen Fahrens vollständig aufzuzeigen ist an dieser Stelle nicht möglich, da die Entwicklungen und Neuerungen in diesem Bereich kontinuierlich stattfinden. Es kann sich daher nur um eine Momentaufnahme handeln, die unter Umständen in kürzester Zeit anders aussehen kann.

Im Jahr 2019 besitzen viele Fahrzeuge in ihrer Ausstattung Fahrerassistenzsysteme. Häufig zu finden sind das Spurhaltesystem, der Spurverlassenswarner oder ein Abstandsregler. Die Fahrerassistenzsysteme wirken unterstützend, indem sie in brenzligen Situationen warnen und mehr Sicherheit versprechen.[33] Durch die Übernahme einzelner Funktionsbereiche bilden sie die Grundlage, um künftig ohne menschliche Kontrolle zu fahren.[34] Schon jetzt ist es dem Fahrer möglich, das System über einen bestimmten Zeitraum fahren zu lassen.[35]

Bei dem Kauf eines Neuwagens besteht die Möglichkeit, während der Konfiguration weitere Assistenzfunktionen auszuwählen. Dies sind beispielsweise unter anderem der Parklenkassistent, die Verkehrszeichenerkennung, die Totwinkelüberwachung und der Notbremsassistent.[36] Die Systeme funktionieren mit verschiedenen Sensoren. Für die Umfelderkennung werden Sensoren wie Kameras, Radar-, Lidar- oder Ultraschallsensoren eingesetzt.[37] Diese Technologie ermöglicht dem Fahrenden, andere Verkehrsteilnehmende, Hindernisse und

---

[32] Vgl. *Matthaei, R. et al.*, Fahrerassistenzsysteme, 2015, S. 1141-1142.
[33] Vgl. *ADAC Versicherung AG*, Übersicht, o. J., o. S.
[34] Vgl. *Matthaei, R. et al.*, Fahrerassistenzsysteme, 2015, S. 1159.
[35] Vgl. *Ersoy, M. et al.*, Fahrwerkrelevante, 2017, S. 908.
[36] Vgl. *Verband der Automobilindustrie*, Automatisierung, 2015, S. 10
[37] Vgl. *Krimmel, H., Ersoy, M.*, Fahrwerkelektronik, 2017, S. 783.

Gefahrensituationen rechtzeitig wahrzunehmen oder gänzlich zu vermeiden.[38] In den letzten Jahren wurden die Sensoren und die Software stetig verbessert, sodass die Systeme innerhalb von einer Sekunde auf unvorhersehbare Situationen reagieren können.[39] Nicht alle Hersteller arbeiten jedoch mit den gleichen Sensoren und so können gravierende Unterschiede bestehen.[40] Um Autonomes Fahren zu ermöglichen, reicht die Umfelderkennung allein allerdings nicht aus. Das Fahrzeug muss seine Umgebung verstehen und die möglichen Handlungen abschätzen können.[41] Des Weiteren sind ein Navigationssystem wie GPS und GLONASS sowie aktuelle Kartendaten unerlässlich, damit es sich auf den Straßen orientieren kann.[42]

Zum jetzigen Zeitpunkt ist nicht abzusehen, wann das Autonome Fahren tatsächlich Realität wird. Verschiedene Automobilhersteller gehen davon aus, dass sich ab dem Jahr 2020 die Straßen verändern werden. Auch aufgrund der nicht gänzlich übereinstimmenden Definitionen der Automatisierungsstufen (siehe Kapitel 2.4 und 2.5) ist noch unklar, wie weit entwickelt die Fahrzeuge dann sein werden. Voraussichtlich wird die Entwicklung deutlich über die Teilautomatisierung hinaus- und bis in die Hochautomatisierung hineingehen.[43]

2.2 Vision Zero: Der Weg zum unfallfreien Fahren

Statistiken zufolge sinkt die Anzahl der tödlichen Unfälle in Deutschland[44] sowie in weiteren Ländern,[45] während die Gesamtanzahl der Verkehrstoten auf der Welt steigt.[46] Die Weltgesundheitsorganisation, (Englisch: World Health Organization), (WHO) hat 2015 in einem Bericht zur Verkehrssicherheit 2013 eine Anzahl von 1,25 Millionen Verkehrstoten weltweit erhoben.[47] Nach dem Bericht

---

[38] Vgl. *Gruyer, D. et al.*, Perception, 2017, S. 325.
[39] Vgl. Siehe *Verband der Automobilindustrie*, Automatisierung, 2015, S. 12
[40] Vgl. *Gruyer, D. et al.*, Perception, 2017, S. 339; *Hella GmbH & Co. KGaA*, Assistenzsysteme, o. J., o. S.
[41] Vgl. *Ritz, J.*, Mobilitätswende, 2018, S. 53.
[42] Vgl. *Ritz, J.*, Mobilitätswende, 2018, S. 55.
[43] Vgl. *Belker, S.*, Straßenfahrzeuge, 2015, S. 201.
[44] Vgl. *Verband der Automobilindustrie*, Sicherheit, o. J., o. S.
[45] Vgl. *World Health Organization*, Global, 2015, S. 264-271; World Health Organization, Safety, 2018, S. 302-313.
[46] Vgl. ebd.
[47] Vgl. *World Health Organization*, Global, 2015, S. 2.

von 2018 ist die Verkehrstotenzahl im Jahr 2016 auf 1,35 Millionen gestiegen.[48] In den Ländern mit dem geringsten Pro-Kopf-Einkommen waren die Todesfallzahlen am höchsten.[49] Eine der häufigsten Ursachen von Unfällen ist das menschliche Verhalten bzw. Versagen. Um Unfallzahlen weiter zu reduzieren, soll das Autonome Fahren zum Fortschritt beitragen, indem der Mensch weniger oder gar nicht mehr in das System eingreifen muss.[50]

Zur Prävention von Unfällen besitzt Schweden seit 1997 eine Verkehrspolitik, die eine „Vision Zero" anstrebt. Das Ziel dabei ist es, den Verkehr so zu gestalten, dass es keine schwerverletzten Personen oder Verkehrstote mehr gibt.[51] Menschen machen Fehler – daher ist die Intention, die Straßen so zu gestalten, dass bei einem Unfall keine gravierenden Auswirkungen für den Menschen entstehen. Ferner sollen Maßnahmen wie Schutzplanken bzw. Mittelplanken oder getrennte Fahrsteifen dazu beitragen, Unfällen grundlegend vorzubeugen.[52] In Schweden gibt es nach dem aktuellsten Bericht der WHO nicht ohne Grund mit die wenigsten Verkehrstoten. Auf 100.000 Einwohner sterben in Schweden jährlich 2,8 Menschen im Verkehr. Viele Länder der EU setzen sich ebenfalls mit der Verkehrssicherheit auseinander.[53] So gehen Dänemark mit 4, Niederlande mit 3,8, Norwegen mit 2,7 und die Schweiz mit 2,7 Toten auf 100.000 Einwohner mit gutem Beispiel voran. Im Vergleich dazu hat Deutschland 4,1 und die USA kommen auf 12,4 Verkehrstote.[54]

Um die Sicherheit auf den Straßen zu optimieren, hat die EU-Kommission ebenfalls beschlossen, Vision Zero zu verfolgen. Die dahinterstehende Absicht deckt sich mit der Schwedens. Bis zum Jahre 2050 soll in Europa die Zahl der Verkehrstoten gegen Null sinken. Um dieses Ziel zu erreichen, wird auf Fahrerassistenzsysteme gesetzt,[55] die auch in autonomen Fahrzeugen verbaut sind. Doch selbst wenn die Straßen umgebaut werden, indem z. B. Kreisverkehre die Geschwindigkeit verringern oder Brücken eingesetzt werden, um Kreuzungen zu

---

[48] Vgl. *World Health Organization*, Safety, 2018, S. 5.
[49] Vgl. *World Health Organization*, Safety, 2018, S. 6.
[50] Vgl. *Schlag, B.*, Straßenverkehr, 2016, S. 97.
[51] Vgl. *Kristianssen, A.-C. et al.*, Swedish, 2018, S. 260.
[52] Vgl. Deutscher Verkehrssicherheitsrat, Zero, 2016, o. S.
[53] Vgl. Bundesministerium für Verkehr, Innovation und Technologie, Verkehrsminister, 2018, o. S.
[54] Vgl. *World Health Organization*, Safety, 2018, S. 304-313.
[55] Vgl. Deutscher Verkehrssicherheitsrat, Umwelt, 2017, o. S.

vermeiden,[56] ist es fraglich, ob es möglich ist, die Vision von Null Verkehrstoten zu erreichen. Denn es gilt zu berücksichtigen, dass es auch Verkehrsteilnehmer wie Radfahrende oder Fußgänger gibt. Bauliche Veränderungen von Fußgängerzonen oder Fahrradwegen könnten dazu beitragen, den Menschen mehr zu schützen. Eine Garantie ist dennoch nicht gegeben, da Menschen Fehler begehen. Fußgänger können versehentlich auf die Straße oder über eine rote Ampel laufen, obwohl ein Auto kommt. Bisher kann der Fahrende selbst reagieren und versuchen auszuweichen. Innerhalb der kurzen Zeit für eine Reaktion können jedoch oftmals die Folgen nicht gut abgeschätzt werden. Autonomes Fahren soll es ermöglichen, Fehleinschätzungen durch die Technik aufzufangen und damit Unfälle zu vermeiden.[57]

Auch die potentiellen finanziellen Einsparungen sind bemerkenswert: Die monetären Auswirkungen Autonomen Fahrens in Form von Unfallvermeidung, Reisezeitverkürzung, Kraftstoffeffizienz und Vorteilen beim Parken werden auf ungefähr 2000 US-Dollar pro Jahr und Fahrzeug geschätzt.[58] Sie könnten sich auf fast 4000 US-Dollar belaufen, sofern umfassende Unfallkosten berücksichtigt werden.[59] Der Deutsche Industrie- und Handelstag kommt in seiner Studie für Deutschland auf vergleichbare Ergebnisse. Demzufolge können durch das Vermeiden von Unfällen bereits bei einer bedingten Automatisierung 1,8 Milliarden Euro und bei vollständiger Automatisierung 5,7 Milliarden Euro eingespart werden. Zusammen mit Einsparungen in anderen Bereichen könnte eine vollständige Automatisierung in Level 5 insgesamt mindestens 15 Milliarden Euro pro Jahr einsparen.[60]

2.3 Begriffsbestimmung „Autonomie"

Immanuel Kant definiert den Begriff der Autonomie als Eigenschaft des Willens. Unter der Berücksichtigung existierender Gesetze und Moralvorstellungen ist es demnach möglich, eigenständige Entscheidungen zu fällen.[61] In der Zukunft sollen dies auch autonome Fahrzeuge können. Maschinen und Algorithmen ist es

---

[56] Vgl. *Engelhart, K.*, Straßen, 2018, o. S.
[57] Vgl. *Ritz, J.*, Mobilitätswende, 2018, S. 122.
[58] Vgl. *Fagnant, D. J., Kockelman, K.*, Barriers, 2015, S. 167.
[59] Vgl. ebd.
[60] Vgl. Deutscher Industrie- und Handelskammertag e. V., Stand, 2018, S. 62
[61] Vgl. *Kant, I.*, Kant, o. J., o. S.

jedoch nicht möglich das dazugehörige Regelwerk für sich selbst zu entwickeln. Es ist die Aufgabe der Gesellschaft, der Unternehmen und des Gesetzgebers, entsprechende Vorgaben zu definieren. Der Mensch legt die Sittengesetze fest und programmiert das Verhalten des Fahrzeugs entsprechend.[62]

In diesem Zusammenhang spielt der Unterschied zwischen dem automatisierten und dem Autonomen Fahren eine Rolle. Beim automatisierten Fahren ist das Fahrzeug auf einen Fahrer angewiesen, welcher jederzeit die Kontrolle des Systems übernehmen kann. Der Automatismus kann vollständig oder teilweise unterbrochen werden. Der Elektroauto-Hersteller Tesla hat in seinen neuen Modellen Hardware verbaut, um das automatische Fahren nutzen zu können.[63] Nach einem tödlichen Unfall im Mai 2016[64] wurde der Autopilot nachgebessert. Der Fahrer hat zu jeder Zeit die Hände am Lenkrad zu halten, auch wenn der Autopilot eingeschaltet ist.[65]

Im Gegensatz dazu kann beim Autonomen Fahren kein Eingriff in die Fahrt vorgenommen werden, da die Insassen nicht mehr als Fahrende, sondern lediglich als Passagiere an der Fahrt beteiligt sind. Jeder Betriebsablauf wird beim Autonomen Fahren in jeder denkbaren Situation von dem Fahrzeug durchgeführt und überwacht. Selbst dynamische Abläufe werden von dem System aufgenommen, verarbeitet und umgesetzt.[66] Solche Fahrzeuge befinden sich auf der letzten Entwicklungsstufe der Fahrzeugautomation und werden als autonom, fahrerlos oder selbstfahrend bezeichnet.[67] Diese Art des Fahrens würde dem ehemaligen Fahrer ermöglichen, sich während der Fahrt anderweitig zu beschäftigen, z. B. mit dem Lesen eines Buches oder dem Bearbeiten von E-Mails.[68] Allerdings ist keine einheitliche Definition für Autonomes Fahren zu finden.

Für das Einteilen der Fahrzeuge in unterschiedliche Entwicklungsstufen wurden von verschiedenen Instituten eigene Klassifizierungen festgelegt.[69] Die zivile US-Bundesbehörde für Straßen- und Fahrzeugsicherheit, National Highway

---

[62] Vgl. *Maurer, M.*, Autonomes, 2015, S. 2.
[63] Vgl. *Tesla Germany GmbH*, Autopilot, o. J., o. S.
[64] Vgl. *Scheffels, G.*, Farben, 2016, S. 34.
[65] Vgl. *Ritz, J.*, Mobilitätswende, 2018, S. 29.
[66] Vgl. *Wolfers, B.*, Selbstfahrend, 2017, S. 3.
[67] Vgl. *Herrmann, A., Brenner, W.*, Revolution, 2018, S. 21.
[68] Vgl. *Ersoy, M. et al.*, Zukunftsaspekte, 2017, S. 964.
[69] Vgl. *Herrmann, A., Brenner, W.*, Revolution, 2018, S. 59.

Traffic Safety Administration (NHTSA), veröffentlichte 2013 als Pionier eine fünfstufige Klassifizierung. Das Modell wurde jedoch im September 2016 aufgegeben und von der SAE International, ehemals Society of Automotive Engineers (SAE), übernommen und angepasst.[70] Aufgrund der Anerkennung der Automatisierungsstufen der NHTSA durch die SAE International,[71] werden im Folgenden die verschiedenen Stufen der SAE International erläutert. Für einen Vergleich mit den anderen existierenden Klassifizierungen wird zudem die der BASt vorgestellt.

2.4 Autonomes Fahren nach SAE J3016

Die SAE International ist ein weltweiter Verband aus über 128.000 Ingenieuren und technischen Experten in der Luftfahrt-, Automobil- und Nutzfahrzeugindustrie.[72] Die Kernidee der SAE International ist es, in diesen Bereichen das Mobilitätswissen und -lösungen zum Nutzen der Menschheit zu fördern und Standards zu entwickeln.[73] Die im Januar 2014 herausgegebene Norm SAE J3016 beschreibt Begriffe und Definitionen zum Autonomen Fahren. Die Einteilung des Autonomen Fahrens wird in sechs Kategorien vorgenommen, den sogenannten Stufen oder Levels.[74]

2.4.1 Level 0: Keine Automatisierung

Ein Fahrzeug, in dem keine Fahrerassistenzsysteme verbaut sind, wird in Level 0 eingeordnet. Die Verantwortung für die Ausübung von Fahrfunktionen wie z. B. Bremse, Lenkung und Geschwindigkeit liegt vollständig bei der fahrenden Person.[75] Es können jedoch Warn- oder Interventionssysteme, die nicht dauerhaft eingreifen, unterstützend wirken.[76]

---

[70] Vgl. *Blain, L.*, Driving, 2017, o. S.
[71] Vgl. National Highway Traffic Safety Administration, Vehicles, o. J., o. S.
[72] Vgl. *SAE International*, About, o. J., o. S.
[73] Vgl. *SAE International*, Annual, 2017, o. S.
[74] Vgl. ebd.
[75] Vgl. *Herrmann, A., Brenner, W.*, Revolution, 2018, S. 59.
[76] Vgl. *Aj Sokolov, D.*, Unterschied, 2015, o. S.

2.4.2 Level 1: Fahrerassistenzsysteme

In Level 1 liegt die Verantwortung weiterhin bei dem Fahrer. Im Gegensatz zu Level 0 verfügt das Fahrzeug über ein vorhandenes Fahrerassistenzsystem. Die Tätigkeiten der Längsführung oder der Querführung können an das System abgegeben werden. Eine Kombination aus beiden Funktionen ist nicht zulässig. Die Längsführung beinhaltet das Beschleunigen und Bremsen, beispielsweise mit Hilfe des ABS. Die Querführung hingegen ist für die Lenkung zuständig. Der Fahrer sollte zu jedem Zeitpunkt in der Lage sein, die Kontrolle über das Fahrzeug vollständig selbst zu übernehmen.[77]

2.4.3 Level 2: Teilautomatisierung

Zu gewissen Zeitpunkten und in bestimmten Situationen im Straßenverkehr kann der Fahrer die Kombination aus Längsführung und Querführung in diesem Level an das System übergeben. Während der Fahrt muss der Fahrer den Verkehr beobachten und bereit sein, die Steuerung sofort übernehmen zu können. Er kann beispielsweise durch einen Abstandsregeltempomat entlastet werden. Das System beschleunigt das Fahrzeug automatisch bis zu einer festgelegten Geschwindigkeit. Bei einem vorausfahrenden Fahrzeug wird je nach Entfernung abgebremst, um einen Abstand zu erhalten. Eine weitere Möglichkeit ist der Spurhalteassistent.[78] Dieser kann den Fahrer beim Einhalten der Spur unterstützen und ihn beim ungeplanten Verlassen der Spur warnen.[79] Auf Level 2 befinden sich aktuell die E-Klasse von Mercedes, der Audi Q7, der 7er BMW, aber auch Fahrzeuge von Tesla, die mit dem Autopiloten ausgestattet sind.[80]

2.4.4 Level 3: Bedingte Automatisierung

Ab Level 3 wird die Fahrumgebung von dem automatisierten Fahrsystem überwacht. Das System kann für einen vorübergehenden Zeitraum die Längsführung und Querführung eines Fahrzeugs übernehmen.[81] Die Verantwortung liegt in diesem Level nicht mehr nur bei dem Fahrer, sondern kann an das System abgegeben werden. Sollten Gefahrensituation oder der Ausfall vom Staupiloten vom System erkannt werden, muss der Fahrer die Fahrzeugführung

---

[77] Vgl. *Herrmann, A., Brenner, W.*, Revolution, 2018, S. 59-60.
[78] Vgl. *Verband der Automobilindustrie*, Automatisierung, 2015, S. 1
[79] Vgl. *Verband der Automobilindustrie*, Automatisierung, 2015, S. 25
[80] Vgl. *Misselhorn, C.*, Maschinenethik, 2018, S. 111.
[81] Vgl. *Herrmann, A., Brenner, W.*, Revolution, 2018, S. 59.

übernehmen können.[82] Zudem besteht die Möglichkeit, dass der Fahrer in das System eingreifen oder es ausschalten kann.[83] Der neue Audi A8 wird mit seinem Staupiloten in die Automatisierungsstufe 3 eingruppiert. Der Staupilot kann aktiviert werden, wenn sich das Fahrzeug auf der Autobahn (bzw. einer ähnlichen Straße) in zähfließendem Verkehr bis 60 km/h oder im Stau befindet. Das Fahrzeug übernimmt für diese Zeit das Steuer und entlastet den Fahrer. Verändert sich die Fahrumgebung wieder, muss die fahrende Person die Steuerung wieder aufnehmen.[84] Diese Funktion ist bisher nicht zugelassen, da die entsprechenden gesetzlichen Regelungen der EU noch nicht aktualisiert wurden.[85]

2.4.5 Level 4: Hochautomatisierung

In Level 4 kann das System alle Aufgaben des Fahrenden übernehmen. Dem System ist es möglich, den Fahrenden zum Eingreifen aufzufordern, wenn sich eine kritische Situation entwickelt. Sollte dieser darauf nicht reagieren, schaltet sich das System nicht ab, sondern reagiert eigenständig. Dieser Punkt ist der Hauptunterschied zwischen Level 3 und Level 4.[86] Der Fahrer kann das System nach Wahl aber auch ausschalten oder die Steuerung übernehmen.[87]

2.4.6 Level 5: Vollständige Automatisierung

Ab Level 5 wird das Fahrzeug als voll autonom angesehen und übernimmt die Kontrolle auf allen Straßenarten und bei allen Umweltbedingungen.[88] Der Mensch kann zu keinem Zeitpunkt in das System des Fahrzeugs eingreifen und wird daher als Passagier interpretiert.[89] Es können allerdings Bedingungen auftreten, wie etwa Schneestürme oder überflutete Straßen, bei denen das System die Fahrt nicht beenden würde. In solch einer Situation würde das Fahrzeug am Straßenrand warten, bis sich die Bedingungen auflösen.[90]

---

[82] Vgl. *Lang, P., Conrad, B.*, Level, 2018, o. S.
[83] Vgl. *Herrmann, A., Brenner, W.*, Revolution, 2018, S. 60.
[84] Vgl. *Audi AG*, Hochautomatisiert, 2017, o. S.
[85] Vgl. *Greis, F.*, Zulassung, 2017, o. S.
[86] Vgl. *SAE International*, Definitions, 2018, S. 25
[87] Vgl. *Herrmann, A., Brenner, W.*, Revolution, 2018, S. 60.
[88] Vgl. *SAE International*, Definitions, 2018, S. 25
[89] Vgl. *Bundesministerium für Verkehr und digitale Infrastruktur*, Strategie, 2015, S. 6
[90] Vgl. *SAE International*, Definitions, 2018, S. 25

Die frühere Klassifizierung der NHTSA und die der SAE J3016 stimmen weitestgehend überein. Die NHTSA unterscheidet in der vierten Stufe jedoch nicht in Hoch- und Vollautomatisierung.[91] Die SAE J3016 hat hingegen mit dem vierten Level eine Zwischenstufe formuliert, in dem die vollständige Automatisierung situationsabhängig beschrieben wird.[92]

2.5 Autonomes Fahren nach BASt

Eine weitere Klassifizierung wurde im Rahmen eines Projekts der BASt im Jahr 2012 erstellt. Diese unterscheidet sich von der Norm SAE J3016 nur geringfügig. Zum einen werden die Stufen anders betitelt, zum anderen wird nur bis zu einem vierten Automatisierungsgrad unterschieden. Das Level 5 der vollkommenen Übernahme durch das System, ohne dass der Fahrende eingreifen muss, fehlt.[93]

Wird in der vorliegenden Arbeit von Autonomen Fahren gesprochen, sind hiermit die Level 4 und 5 gemeint.

---

[91] Vgl. *National Highway Traffic Safety Administration*, Policy, 2013, S. 5
[92] Vgl. *SAE International*, Definitions, 2018, S. 25
[93] Vgl. *Bundesanstalt für Straßenwesen*, Stufen, 2012, S. 1

3 Moralische und ethische Herausforderungen

Da die Begriffe Moral und Ethik im allgemeinen Sprachgebrauch häufig synonym verwendet werden, beginnt das folgende Kapitel mit einer Abgrenzung, um im Anschluss sowohl auf die moralischen als auch auf die ethischen Probleme im Hinblick auf Computer und Programmierung beim Autonomen Fahren einzugehen.

3.1 Abgrenzung von Moral und Ethik

Ursprünglich hatten die Begriffe Ethik und Moral eine ähnliche Bedeutung, die in der Philosophie jedoch differenziert wird.[94] (Die Präferenz zahlreicher Branchen liegt bei dem Begriff Ethik, so etwa in der Medizin oder in der Wirtschaft. Es lässt sich z. B. die Unternehmensethik, aber nicht die Unternehmensmoral finden.[95]) Der Begriff Moral stammt von dem lateinischen Ausdruck moralis und bedeutet „die Sitte betreffend". Von diesem Begriff leitet sich das lateinische Wort mos ab, was der zur Regel gewordene Wille, die gewohnheitsmäßige Tätigkeit, die Sitte oder der Brauch ist. Der Begriff Ethik kommt hingegen von dem griechischen Wort Ethos und bedeutet Sitte, Brauch oder Charakter.[96]

Moral lässt sich als Anerkennung und Akzeptanz von Normen und Regeln in einer Gemeinschaft umschreiben. Die Regeln sind mit der Zeit in der Gesellschaft entstanden,[97] weshalb die Moral auch als Regel- und Wertesystem bezeichnet wird.[98] Das Verhalten in den verschiedensten Situationen wird automatisch mit der vorherrschenden Moral verknüpft, um sich im Einklang mit der Gesellschaft zu bewegen.[99] Die Moral soll auf den Menschen durch die Erlaubnis oder das Verbot bestimmter Handlungen wirken, um die Wertvorstellungen zu bewahren.[100] Sie wird ohne Hinterfragungen in einer bestimmten Gesellschaft aufwachsenden Personen internalisiert.[101] Jede ausgeführte oder nicht ausgeführte Handlung eines Menschen wird mit ihren moralischen Bestandteilen von

---

[94] Vgl. *Misselhorn, C.*, Maschinenethik, 2018, S. 45.
[95] Vgl. *Birnbacher, D.*, Einführung, 2013, S. 1.
[96] Vgl. *Blumenthal, S.-F.*, Ethikinitiativen, 2011, S. 171.
[97] Vgl. *Dietzfelbinger, D.*, Praxisleitfaden, 2015, S. 42.
[98] Vgl. *Waldmann, H.*, Jahrhundert, 2008, S. 13.
[99] Vgl. *Göbel, E.*, Unternehmensethik, 2017, S. 27.
[100] Vgl. *Hurna, M.*, Moral, 2017, S. 1.
[101] Vgl. *Dietzfelbinger, D.*, Praxisleitfaden, 2015, S. 42.

der Gesellschaft wahrgenommen und gewertet. Hierbei ist es bedeutsam zu wissen, dass die moralische Einstellung einer Gesellschaft unterschiedlich ausgeprägt sein kann. Eine bestimmte Handlung kann somit in verschiedenen Situationen und zu unterschiedlichen Zeitpunkten als moralisch oder auch als unmoralisch angesehen werden.[102] Göbel schreibt: „Was zu einer bestimmten Zeit in einer bestimmten Gesellschaft im Allgemeinen als Handlung, Zustand oder Haltung für gut und wünschenswert bzw. für böse und verboten gehalten wird, bezeichnet man zusammenfassend als die jeweils herrschende Moral."[103]

Dietzfelbinger veranschaulicht die Definition der Moral anhand eines Beispiels: Eltern vermitteln ihren Kindern, dass Lügen nicht angemessen ist. Zur Unterstützung werden Aussagen getroffen wie „Das ist unanständig! Das macht man nicht!". Das Verbot zu lügen wird dadurch für Kinder eine Leitlinie, die in ihrem sozialen Umfeld eingehalten werden soll. Kinder sind mit diesem Grundsatz zunächst einverstanden, da sie noch nicht darüber nachgedacht bzw. den Grundsatz reflektiert haben. Kinder halten sich an die Regel, da die Eltern sie als richtig vermittelt haben. Die Fähigkeit, rational zu argumentieren, wieso das Lügen auch Vorteile haben kann, ist erstmal noch nicht vorhanden. Doch irgendwann fragen sich Kinder, warum Lügen nicht richtig ist. Unter Umständen überwiegen doch die Vorteile, die man aus einer Lüge ziehen kann? Bei der Reflexion solcher Konstellationen werden Kinder jedoch auch feststellen, dass es Gründe gibt, die gegen das Lügen sprechen. Zum Beispiel, weil sie sich selbst Ehrlichkeit wünschen oder die negativen Folgen unangenehmer empfinden als die Wahrheit.[104] Entscheidet sich ein Individuum durch Nachdenken, dass der Grundsatz nicht zu lügen richtig ist, ist dies eine ethische Entscheidung aufgrund seiner moralischen Werte.

Durch die Reflexion einer moralischen Regel entsteht eine ethische Regel. Ethik gehört somit zur praktischen Philosophie und wird auch als die Lehre der Moral bezeichnet,[105] die sich mit der Reflexion des menschlichen Handelns beschäftigt. Unter menschlichem Handeln wird verstanden, dass das Individuum sich Gedanken über die Moral macht.[106] Die bestehenden Wertvorstellungen der

---

[102] Vgl. *Waldmann, H.*, Jahrhundert, 2008, S. 14.
[103] *Göbel, E.*, Unternehmensethik, 2017, S. 27.
[104] Vgl. *Dietzfelbinger, D.*, Praxisleitfaden, 2015, S. 41-43.
[105] Vgl. *Göbel, E.*, Unternehmensethik, 2017, S. 31.
[106] Vgl. *Ortmanns, W.*, Entwicklung, 2016, S. 1-2.

Moral werden rekonstruiert, überprüft und bestätigt oder kritisiert.[107] Das Anwenden der Reflexion kann dem Menschen helfen, die vorhanden Mittel und Möglichkeiten handzuhaben und einzusetzen, sowie Situationen und Verhalten zu analysieren.[108]

3.2 Roboter und Pflichtbewusstsein

Um auf die ethischen bzw. moralischen Aspekte des Autonomen Fahrens eingehen zu können, muss zunächst erläutert werden, ob es Maschinen generell möglich ist, ein Pflichtbewusstsein entwickeln zu können bzw. ob dieses programmierbar ist. Während heutzutage der Mensch den Großteil der Fahraufgaben eigenständig ausführt, indem er zum Beispiel entscheidet, wann ein Brems- oder Überholmanöver eingeleitet werden soll, oder das Ziel der Fahrt über eine andere Routenauswahl ohne Stau zu erreichen ist, sollen diese Aufgaben in der Zukunft durch die Fahrzeugautomatisierung übernommen werden.

Damit das Autonome Fahren Erfolg hat, benötigt die Entwicklung die Hilfe von künstlicher Intelligenz.[109] Die Künstliche Intelligenz (KI) ist ein Bereich der Informatik, der sich auf die Entwicklung von Systemen spezialisiert hat, die intelligentes Verhalten aufzeigen.[110] Jedoch ist nicht einheitlich definiert, was Intelligenz ist,[111] sodass Forscher wie Howard Gardner[112] oder Russell et al.[113] unterschiedliche Ansätze mit verschiedenen Intelligenzbereichen entwickelt haben. Eine Festlegung auf diese Ansätze kann umgegangen werden, wenn der Mensch als Maßstab gesetzt wird.[114] Damit eine Maschine als intelligent gilt, muss diese nach Catrin Misselhorn daher die Fähigkeiten besitzen, eigenständig zu lernen, sich auf neue Sachverhalte einzustellen und diese entsprechend auf andere Gegebenheiten anpassen zu können.[115]

---

[107] Vgl. *Bohrmann, T. et al.*, Angewandte, 2018, S. 4-5.
[108] Vgl. *Otto, P., Gräf, E.*, Zeit, 2017, S. 8.
[109] Vgl. *Chandra, R. et al.*, Self, 2012, S. 43.
[110] Vgl. *Netter, F.*, Applikationen, 2017, S. 21.
[111] Vgl. *Barthelmeß, U., Furbach, U.*, Perspektiven, 2019, S. 7.
[112] Vgl. *Schwuchow, K.*, Abschied, 2009, S. 25-26; *Gardner, H.*, Vielfalt, 2013, S. 55-57.
[113] Vgl. *Russell, S. J., Norvig, P.*, Artificial, 2016, S. 1-14.
[114] Vgl. *Misselhorn, C.*, Maschinenethik, 2018, S. 17.
[115] Vgl. *Misselhorn, C.*, Maschinenethik, 2018, S. 18.

3.2.1 Turing-Test

Alan Turing schaffte mit der Grundlage der Computertechnologie die Basis für die KI.[116] Unter anderem befasste Turing sich 1950 in dem Artikel „Computing Machinery and Intelligence" mit der Frage, ob Computer denken können und stellte dazu ein Imitationsspiel vor. Das Spiel ist heute unter dem Namen „Turing-Test" bekannt und soll dazu beitragen, herauszufinden, ab wann ein Computer als intelligent bezeichnet werden kann.[117] Im Turing-Test ist das der Fall, wenn die Maschine im Dialog einen menschlichen Partner davon überzeugen kann, ein Mensch zu sein. Die Kommunikation erfolgt beispielsweise über einen Computer.[118] Hierbei ergibt sich die Problematik, dass der Test lediglich überprüft, ob der Computer intelligent handelt, aber nicht ob ein Bewusstsein vorhanden ist.[119] Das bedeutet, dass nicht nur intelligente Computer diesen Test bestehen würden, sondern auch Computer, die vorspielen, intelligent zu sein.[120] Bis zum heutigen Zeitpunkt wurde der Test von keinem Computer bestanden, sodass das Bestehen als große Herausforderung der KI angesehen wird.[121]

3.2.2 Chinese Room Experiment

Der Turing-Test wurde vielfach diskutiert. 1980 widersprach John Searle mit seinem Artikel „Minds, brains and programs" den Argumenten Turings.[122] Neben dem fehlenden Bewusstsein kritisierte Searle ebenso eine fehlende Intentionalität. Die Intentionalität ist die Fähigkeit eines Menschen, sich auf Dinge und Zustände zu beziehen und darauf zu reagieren.[123] Um zu verdeutlichen, dass ein Computer nicht intelligent sein muss, sondern dass Simulation ausreicht, sowie um zu zeigen, dass es in Frage zu stellen ist, ob denkende Computer existieren können, stellte Searle das Chinese Room Experiment vor.[124] Dieses besagt – vereinfacht dargestellt –, dass eine Person, die kein Chinesisch sprechen kann, sich in einem geschlossenen Raum befindet. Mit Hilfe eines Regelwerks bzw. eines

---

[116] Vgl. *Warwick, K., Shah, H.*, Think, 2016, S. 989.
[117] Vgl. *Turing, A. M.*, Computing, 1950, S. 433; *Barthelmeß, U., Furbach, U.*, Perspektiven, 2019, S. 8-10.
[118] Vgl. *Mainzer, K.*, Maschinen, 2016, S. 10.
[119] Vgl. *Barthelmeß, U., Furbach, U.*, Perspektiven, 2019, S. 13-14.
[120] Vgl. *Warwick, K., Shah, H.*, Think, 2016, S. 1005.
[121] Vgl. *Warwick, K., Shah, H.*, Passing, 2016, S. 409.
[122] Vgl. *Searle, J.*, Minds, 1980, S. 417-424.
[123] Vgl. *Misselhorn, C.*, Maschinenethik, 2018, S. 33.
[124] Vgl. ebd.

Programms in der eigenen Sprache und chinesischen Zeichenkarten ist es der Person möglich, auf gestellte Fragen zu antworten. Die Personen außerhalb des Raumes gehen davon aus, dass die Person Chinesisch sprechen kann, obwohl sie nichts versteht und nur die Regeln abarbeitet. Daraus lässt sich schließen, dass ein Computer weder intelligent sein, noch menschliches Denkvermögen besitzen muss.[125] Searle bezweifelt daher, dass es Computer gibt die wirklich denken können und die menschliche Sprache verstehen.[126] Für eine Unterscheidung führt Searle die Begriffe der „starken" und „schwachen" KI ein. Die schwache KI besagt, dass der Computer nur als Werkzeug genutzt wird, um menschliches Verhalten zu simulieren, während die starke KI versucht, menschliche Intelligenz nachzubilden.[127] Demzufolge ist es fraglich, ob Maschinen jemals menschliche Fähigkeiten wie Bewusstsein, Denken und Emotionen wirklichkeitsgetreu nachempfinden können.[128]

3.2.3 Maschinenethik

Dennoch hat sich die KI weiterentwickeln können und menschenähnliches Verhalten, insbesondere die Intelligenz einer Maschine, scheint erreichbar zu sein.[129] Der Fortschritt ist bereits jetzt beim Verständnis von Sprache, Text und Bild erkennbar. So können Maschinen beispielsweise Verkehrszeichen identifizieren.[130] Aufgrund dieser technischen Entwicklungen und den damit aufkommenden moralischen Fragestellungen, wurde ein neues Forschungsgebiet erschlossen: die Maschinenethik.[131] Während die KI versucht, die menschliche Intelligenz zu imitieren,[132] ist es Ziel der Maschinenethik, die menschliche Moral in Systemen zu implementieren.[133] Das Gebiet ist somit eine Verbindung zwischen Informatik und Philosophie. Wird die KI mit der Maschinenethik kombiniert, so wird dies auch „Artificial Morality" genannt.[134]

---

[125] Vgl. *Cooper, K. W.*, Chinese, 2018, S. 82.
[126] Vgl. *Searle, J.*, Minds, 1980, S. 450-456.
[127] Vgl. *Searle, J.*, Minds, 1980, S. 417-418.
[128] Vgl. *Misselhorn, C.*, Maschinenethik, 2018, S. 29.
[129] Vgl. *Eberl, U.*, Leisten, 2018, S. 8.
[130] Vgl. ebd.
[131] Vgl. *Misselhorn, C.*, Können, 2018, S. 29.
[132] Vgl. *Bendel, O.*, Disziplin, 2018, S. 35.
[133] Vgl. *Misselhorn, C.*, Maschinenethik, 2018, S. 8.
[134] Vgl. *Misselhorn, C.*, Können, 2018, S. 29.

Durch die Komplexität autonomer Systeme, wie z. B. beim Autonomen Fahren, werden die Systeme vor neue Herausforderungen gestellt.[135] Wie auch der Mensch können die Systeme in Situationen geraten, die es notwendig machen, eine moralische Entscheidung zu fällen.[136] In einer unvermeidbaren Unfallsituation ist es dem menschlichen Fahrer in der Regel nicht möglich, die Konsequenzen seines Handelns zu berechnen, da sofortiges Einwirken erforderlich ist. Eine moralische Analyse ist nicht immer möglich, da die Handlung häufig instinktiv erfolgt.[137] Das System hat im Gegensatz zum Menschen den Vorteil, dass es organisiert und ohne vorschnelle Reaktionen handeln kann und dadurch eine rationale Entscheidung trifft.[138] Aufgrund der angestrebten Ziele des Autonomen Fahrens, die mit einer hohen Erwartungshaltung verbunden sind, ist es unvermeidbar, ethische Aspekte bereits bei der Programmierung zu inkludieren.[139] Selbst Situationen, die nicht unbedingt eintreffen, müssen berücksichtigt werden; besonders Dilemma-Situationen, die in der Philosophie auch unter dem Begriff „Trolley-Probleme" bekannt sind.[140] Hierbei handelt es sich um Situationen, in denen jede Möglichkeit zu handeln ein unerwünschtes Resultat mit sich bringt.[141] Eine genauere Erläuterung erfolgt im Kapitel Dilemma-Situationen (3.4).

Angesichts der technischen Fortschritte kommt auch die Frage auf, ob es bei KI möglich ist, dass die Maschinen die Menschheit nicht nur entlasten, sondern sie zusätzlich weit übertreffen könnten. Der Philosoph Nick Bostrom beispielsweise erklärt, dass es Maschinen in der Zukunft durch KI möglich sein könnte, eine Art Superintelligenz zu erlangen.[142] Hierbei unterscheidet Bostrom drei Arten der Superintelligenz. Die „schnelle Superintelligenz" handelt wie ein Mensch, nur schneller. Die „kollektive Superintelligenz" wird aus mehreren Intellekten zusammengesetzt und übertrifft bisherige kognitive Systeme. Die „qualitative Superintelligenz" handelt zwar nicht schneller als der Mensch, dafür jedoch

---

[135] Vgl. *Koopman, P., Wagner, M.*, Testing, 2016, S. 20.
[136] Vgl. *Misselhorn, C.*, Können, 2018, S. 29.
[137] Vgl. *Misselhorn, C.*, Maschinenethik, 2018, S. 189.
[138] Vgl. *Nyholm, S., Smids, J.*, Accident, 2016, S. 1278.
[139] Vgl. *Misselhorn, C.*, Maschinenethik, 2018, S. 189.
[140] Vgl. *Bonnefon, J.-F. et al.*, Dilemma, 2016, S. 1573.
[141] Vgl. *Liu, H.-Y.*, Irresponsibilities, 2017, S. 200.
[142] Vgl. *Bostrom, N.*, Superintelligenz, 2017, S. 78.

klüger.[143] Während biologische Systeme sich eher nicht verbessern, werden Maschinen immer schneller und leistungsfähiger. Auch die Vorteile wie eine höhere Speicherkapazität, die Anzahl der Rechenelemente oder die Lebensdauer sind zu bedenken.[144] Dennoch werden Maschinen im Vergleich zu Menschen vermutlich immer Schwächen aufweisen. Das liegt unter anderem daran, dass der Mensch mit gesundem Menschenverstand handelt und implizites Wissen besitzt. Es ist fragwürdig, ob es möglich ist, einer Maschine solche Eigenschaften anzueignen. Maschinen müssten Menschen über einen langen Zeitraum beobachten und analysieren, um so etwas lernen zu können.[145]

Nach aktuellem Stand lässt sich festhalten, dass die Entwicklung der KI im Hinblick auf das Autonome Fahren noch nicht weit genug entwickelt ist, um diese in Fahrzeugen nutzen zu können. Die Herausforderungen bestehen nicht nur darin, ethische Regeln für die Gesellschaft zu finden, sondern diese zu programmieren und Algorithmen für das Autonome Fahren zu entwickeln. Auf die Algorithmen wird im nächsten Kapitel (3.3) eingegangen.

Selbst wenn die Technologie ausreichend weit entwickelt ist, lässt sich eine vollständige Einführung dennoch nicht von heute auf morgen umsetzen. Sie muss schrittweise stattfinden, da eine flächendeckende Umsetzung einen erheblichen Aufwand darstellt.[146] Die Frage ist zum Beispiel, wie die Kommunikation zwischen Mensch und Maschine, auch Mensch-Maschinen-Interaktion genannt, erfolgen soll. Im aktuellen Straßenverkehr ist es den Fahrern möglich, sich untereinander mit Handzeichen oder Gestiken zu verständigen. Das wird einer Maschine nicht möglich sein.[147] Aus diesem Anlass hat der Fahrdienstanbieter Uber, der sich an der Entwicklung des Autonomen Fahrens beteiligt[148], ein Patent für ein System angemeldet, das mittels Hinweisschildern, Tönen und Lichtern kommuniziert.[149] Laut Antrag können damit auf den Außenspiegeln und der Stoßstange Pfeilsymbole zum Abbiegen angezeigt werden. Ein Projektor soll Bilder auf die Straße werfen, die den Fußgängern, z. B. mittels eines projizierten Zebrastreifens, signalisieren soll, dass diese gefahrenfrei die Straße überqueren

---

[143] Vgl. *Bostrom, N.*, Superintelligenz, 2017, S. 86.
[144] Vgl. *Bostrom, N.*, Superintelligenz, 2017, S. 89-92.
[145] Vgl. *Eberl, U.*, Leisten, 2018, S. 13.
[146] Vgl. *Wachenfeld, W., Winner, H.*, Freigabe, 2015, S. 463.
[147] Vgl. *Lobe, A.*, Autofahrer, 2018, o. S.
[148] Vgl. *WirtschaftsWoche*, Autos, 2018, o. S.
[149] Vgl. *Wittenhorst, T.*, Hinweisbilder, 2018, o. S.

dürfen.¹⁵⁰ Aber auch andere Firmen haben sich diesem Thema gewidmet. So besitzt Google bereits ein Patent für Informationsschilder an der Front und den Seiten eines Fahrzeugs.¹⁵¹ Sollten sich solche Systeme etablieren, muss aber nicht nur eine technische Integration erfolgen. Es bedarf auch Lernprozessen seitens der Menschen, wie andere Fahrende oder zu Fuß gehende Personen, die damit konfrontiert werden.¹⁵²

3.3 Algorithmen und Programmierung

Algorithmen gibt es in vielen Bereichen und begegnen der Gesellschaft überall im digitalen Alltag. Sie werden unter anderem bei Google und Facebook eingesetzt, aber auch bei Bewerbungen oder Krankheitsdiagnosen.¹⁵³ Ein Algorithmus beschreibt eine Vorgehensweise bzw. eine Anweisung, um ein Problem zu lösen.¹⁵⁴

Eine Präzisierung des Algorithmusbegriffs wurde von Turing im Jahr 1936 unternommen. Turing entwickelte das mathematische Objekt „Turingmaschine", welches sich in der Informatik durchsetzen konnte. Hierbei handelt es sich um ein Modell, das Begriffe des Algorithmus und der Berechenbarkeit darstellt und dadurch die Arbeitsweise eines Computers abbilden kann.¹⁵⁵ Mit dem Modell konnte Turing belegen, dass Problematiken, die durch einen Algorithmus entziffert werden können, ebenso mit Hilfe einer Rechenmaschine gelöst werden können.¹⁵⁶ Ein digitaler Computer kann somit als eine algorithmische Maschine angesehen werden oder als Nachfolger der Turingmaschine.¹⁵⁷

---

[150] Vgl. *United States Patent and Trademark Office*, Light, 2018, S. 1, 10-11
[151] Vgl. *Donath, A.*, Google, 2015, o. S.
[152] Vgl. ebd.
[153] Vgl. *Frankfurter Allgemeine*, Algorithmen, 2018, o. S.
[154] Vgl. *Misselhorn, C.*, Maschinenethik, 2018, S. 19.
[155] Vgl. *Radhakrishnan, J. et al.*, Completeness, 2014, S. 1698; *Shyamasundar, R. K.*, Legacy, 2014, S. 1670-1671.
[156] Vgl. *Ramge, T.*, Roboter, 2018, S. 31.
[157] Vgl. *Nida-Rümelin, J., Weidenfeld, N.*, Humanismus, 2018, S. 10.

Damit autonome Fahrzeuge erfolgreich genutzt werden können, müssen Algorithmen auf Basis von KI entwickelt werden.[158] Da die KI viele Teilgebiete beinhaltet, werden im Nachfolgenden (ohne Anspruch auf Vollständigkeit) die wichtigsten Methoden dargelegt,[159] die für das Autonome Fahren eine Rolle spielen.

3.3.1 Maschinelles Lernen

Das Maschinelle Lernen (Englisch: Machine Learning) ist für die Entwicklung des Autonomen Fahrens relevant.[160] Maschinelles Lernen beschreibt eine Sammlung von Algorithmen bzw. von mathematischen Methoden, die durch die Anwendung von Beispielen oder Erfahrungen lernen können.[161] Das Erlernte kann auf neue und unbekannte Situationen, z. B. im Straßenverkehr, angewendet werden. Der Computer erhält demnach für das Lösen von Problemen keine Anweisungen, sondern wird mithilfe von Algorithmen und Daten trainiert. Durch das Training kann der Computer Strukturen erkennen, Analogien und Gesetzmäßigkeiten erfassen, aus ihnen lernen und das Erlernte anwenden.[162]

Für das Erlernen gibt es mehrere Methoden. Die grundlegenden Modelle sind das Überwachte Lernen, das Unüberwachte Lernen und das Bestärkende Lernen.[163] Beim Überwachten Lernen (Englisch: Supervised Learning) erhält der Computer Unterstützung von einem Lehrenden. Dem Computer werden korrekte Ein- und Ausgabedaten, auch Labels genannt, antrainiert, damit dieser die Daten auf neue Situationen anwenden kann.[164] Das bedeutet zum Beispiel, dass dem Computer beigebracht wird, wie das Fahrzeug sich bei einem Unfall verhalten soll. Dieser kann die gelernten Daten auf die neue Situation anwenden und eigenständig entscheiden, ob sich beispielsweise die Airbags öffnen oder nicht.[165]

Beim Unüberwachten Lernen (Englisch: Unsupervised Learning) erhält der Computer ebenfalls Daten. Allerdings ist kein Lehrer vorhanden, der die Ausgabedaten bewertet. Über den Algorithmus soll der Computer eigenständig lernen,

---

[158] Vgl. *Buchenau, M.-W.*, Milliarden, 2019, o. S.
[159] Vgl. *Misselhorn, C.*, Maschinenethik, 2018, S. 189.
[160] Vgl. *Volkswagen AG*, Lernt, o. J., o. S.
[161] Vgl. *Buxmann, P., Schmidt, H.*, Intelligenz, 2019, S. 8; *Manhart, K.*, Müssen, 2018, o. S.
[162] Vgl. *Stockburger, C.*, Neuronale, 2017, o. S.; *Aunkofer, B.*, Deep, 2018, S. 2.
[163] Vgl. *Jordan, M. I., Mitchell, T. M.*, Perspectives, 2015, S. 257-258.
[164] Vgl. *Frochte, J.*, Maschinelles, 2019, S. 20.
[165] Vgl. *Wachenfeld, W., Winner, H.*, Lernen, 2015, S. 469-470.

indem dieser ähnliche Strukturen und Muster beim Analysieren der Daten erkennt.[166]

Beim Bestärkenden Lernen (Englisch: Reinforcement Learning) sind die Maschinen auf Feedback in Form von Belohnungen oder Bestrafungen angewiesen. Durch diese Interaktion mit der Umgebung soll sich das System verbessern und Fehler vermeiden lernen. Entsprechend werden gute Handlungen belohnt und schlechte Handlungen bestraft. Das System soll anhand dieses Feedbacks üben und die Belohnungen maximieren.[167]

3.3.2 Künstliche Neuronale Netze

Dem Maschinellen Lernen stehen verschiedene Methoden zur Verfügung. So zum Beispiel Entscheidungsbäume, Genetische Algorithmen, Künstliche Neuronale Netze und weitere.[168] Für das Autonome Fahren sind vor allem die Künstlichen Neuronalen Netze, im Folgenden KNN genannt, von Belang.[169] Die KNN wurden nicht nur aus mathematischem Denkvermögen entwickelt, sondern sind strukturell dem menschlichen Gehirn mit seinen neuronalen Prozessen nachempfunden.[170] KNN bestehen aus Knotenpunkten, die auch Neuronen genannt werden, sowie aus Verbindungen, die Synapsen heißen.[171] In Abbildung 1 ist ein beispielhaftes Neuronales Netz zu sehen.

---

[166] Vgl. ebd.
[167] Vgl. *Henderson, P. et al.*, Reinforcement, 2018, S. 3207; *Kirste, M., Schürholz, M.*, Anwendung, 2019, S. 29.
[168] Vgl. ebd.
[169] Vgl. *Stockburger, C.*, Neuronale, 2017, o. S.
[170] Vgl. *Styczynski, Z. A. et al.*, Expertensysteme, 2017, S. 132.
[171] Vgl. *Netter, F.*, Applikationen, 2017, S. 21.

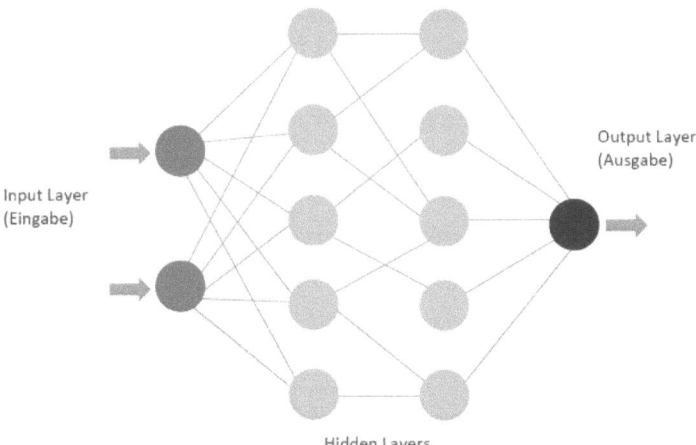

Abbildung 1: Beispielhafte Darstellung eines Künstlichen Neuronalen Netzes
Quelle: In Anlehnung an *Kirste, M., Schürholz, M.,* Anwendung, 2019, S. 30

Die Neuronen haben drei Arten von Schichten: Die Neuronen der ersten Schicht (Input Layer) nehmen Informationen (Input) in Form von Signalen oder Mustern von außen auf, beispielsweise durch Bildpixel.[172] Diese geben den gewichteten Input an die darauffolgenden versteckten Schichten (Hidden Layers) weiter, die das Verarbeitungsniveau der Daten erhöhen.[173] Umso mehr versteckte Schichten vorhanden sind, desto tiefer ist das KNN und es können komplexere Aufgaben gelöst werden.[174] Auf der letzten Schicht, der Ausgabeschicht (Output Layer), steht der Output, also das Ergebnis, welches weitergegeben wird, zum Beispiel, was auf dem Bild zu sehen ist.[175]

3.3.3 Tiefes Lernen

Aufgrund der komplexen Handlungen, wie sie beim Autonomen Fahren notwendig sind, wird meist auf das Tiefe Lernen (Englisch: Deep Learning) zurückgegriffen.[176] Das Tiefe Lernen ist ein Teilgebiet des Maschinellen Lernens und

---

[172] Vgl. *Misselhorn, C.,* Maschinenethik, 2018, S. 23; *Trinkwalder, A.,* Netze, 2016, S. 131.
[173] Vgl. *Misselhorn, C.,* Maschinenethik, 2018, S. 23.
[174] Vgl. *Niemann, A.,* Audi, 2017, o. S.
[175] Vgl. ebd.
[176] Vgl. *Bernhart, W.,* Evolution, 2015, S. 13; *Daimler AG,* Computer-Brains, o. J., o. S.

wird auf Basis der KNN angewendet.[177] Aus diesem Grund werden die Begriffe häufig gleichgesetzt. Der Vorteil des Tiefen Lernens besteht darin, dass die außerordentliche Vorarbeit nicht mehr als notwendig angesehen wird. Dennoch ist das Tiefe Lernen mit hohem Arbeitsaufwand verbunden.[178] Das Tiefe Lernen kann in vielen Bereichen angewendet werden, so z. B. bei der Objekterkennung, Spracherkennung und auch der Steuerung.[179]

Die Abbildung 2 soll verdeutlichen, wie sich die Beziehung zwischen Künstlicher Intelligenz, Maschinellem Lernen und Tiefem Lernen darstellt.

Abbildung 2: Beziehung zwischen Künstlicher Intelligenz, Maschinellem Lernen und Tiefem Lernen
Quelle: In Anlehnung an *Kirste, M., Schürholz, M.*, Anwendung, 2019, S. 22

Durch das Maschinelle Lernen bzw. das Deep Learning ist es demnach möglich, den Computer zu trainieren und so auf den Straßenverkehr vorzubereiten. Um dem Fahrzeug beizubringen, wie die Umgebung auf der Straße aussieht, werden dem Computer Daten wie etwa Bilder von Mülltonnen, Ampeln, Straßenbegebenheiten etc. gezeigt. Durch die KNN können Analogien erkannt und auf neue Situationen angewendet werden.[180] Durch diese Technologie soll es der

---

[177] Vgl. *Hecker, D. et al.*, Potenziale, 2017, S. 28.
[178] Vgl. ebd.
[179] Vgl. *Kersting, K.*, Machines, 2018, o. S.
[180] Vgl. *Stockburger, C.*, Neuronale, 2017, o. S.

Maschine nicht nur möglich sein, bestimmte Aufgaben durchzuführen. Das vollständig Autonome Fahren soll real werden.[181]

Weiterhin zielt es darauf ab, dass der Computer durch seinen Fahrer lernt und eigenständig Schlüsse daraus zieht.[182] Das ist vor allem auch für ethische Entscheidungsfragen von Vorteil. Durch das Tiefe Lernen können auch komplexe Verkehrssituationen sowie das Verhalten von Verkehrsteilnehmenden analysiert und gedeutet werden. So gelingt es, gesellschaftlich anerkannte Regeln, wie sich das Fahrzeug im Falle eines Unfalls verhalten soll, zu integrieren.[183] Hierbei ist es wichtig, kulturelle Unterschiede zu beachten. Eine Idee ist es, verschiedene ethische Codierungen zu erstellen. Das System könnte feststellen, wo sich das Fahrzeug geographisch befindet und die jeweils geltende Codierung übernehmen.[184] Bei solch einer Lösung ist es jedoch fraglich, ob diese ethisch vertretbar und gesetzlich realisierbar ist.

Damit der Computer bzw. das Fahrzeug bestmöglich handeln kann, ist es in jedem Falle elementar, dass eine große Datenmenge antrainiert wird.[185] Die Google Tochter Waymo testet bereits seit einigen Jahren selbstfahrende Autos auf den Straßen und sammelt dabei Daten. Ebenfalls sammelt Tesla unzählige Informationen, von denen andere Fahrzeuge profitieren sollen, indem das, was ein Fahrzeug lernt, über ein Netzwerk weitergegeben wird.[186] Durch die Algorithmen auf Basis der KNN soll es möglich sein, in überraschenden Situationen vorausschauend zu reagieren. Das Fahrzeug soll lernen, dass wenn ein Ball über die Straße rollt, ein Kind nachlaufen könnte und der Wagen daher abbremst.[187]

Die Anwendung von Algorithmen bringt jedoch auch negative Aspekte mit sich. Sollte es zu einem Unfall kommen, ist es aufgrund der vielschichtigen Berechnungen der KNN schwierig, die Entscheidung der Maschine zu rekonstruieren. Das bedeutet, dass auch Fehler schwierig nachzustellen sind.[188]

---

[181] Vgl. *Niemann, A.*, Audi, 2017, o. S.
[182] Vgl. *Daimler AG*, Computer-Brains, o. J., o. S.
[183] Vgl. *Bernhart, W.*, Evolution, 2015, S. 13.
[184] Vgl. *Simanowski, R.*, Todesalgorithmus, 2017, o. S.
[185] Vgl. *Kappel, M. et al.*, Rolle, 2019, S. 185.
[186] Vgl. *Fehrenbacher, K.*, Tesla, 2015, o. S.
[187] Vgl. ebd.
[188] Vgl. *Knight, W.*, Undurchschaubar, 2016, o. S.

Problematiken könnten sich zudem ergeben, wenn es dem Computer möglich wäre, durch die Bilddaten Menschen hinsichtlich ihres Alters, Aussehens oder weiteren Merkmalen zu analysieren und mit Netzwerkdaten abzugleichen. Der Computer könnte beispielsweise eigenständig in einer Unfallsituation entscheiden bzw. berechnen, welche Person mehr Überlebenschancen hat oder vermeintlich wertvoller ist.[189] Um das Tiefe Lernen für das Autonome Fahren umsetzen zu können, müssen solche Aspekte daher weiter eingehend erforscht werden.[190]

In einer Studie des Georgias Institute of Technology haben Wilson et al. verschiedene Hauttypen anhand der Klassifikation nach Fitzpatrick mit aktuellen Bilderkennungssystemen getestet.[191] Die Fitzpatrick-Klassifikation unterteilt Haupttypen in sechs verschiedenen Stufen von Hell nach Dunkel.[192] Aus der Untersuchung geht hervor, dass dunkle und schwarze Hauttypen schlechter gesehen werden als die helleren. Dies gilt unabhängig von der Tageszeit. Der Grund liegt nach Wilson et al. darin, dass die Programme etwa 3,5 Mal häufiger aus Datensätzen mit überwiegend helleren Hauttypen lernen.[193] Es gilt bei der Studie zwar zu berücksichtigen, dass diese noch nicht begutachtet wurde und dass keine Trainingsdatensätze von Automobilherstellern verwendet werden konnten.[194] Dennoch sollten Hersteller und Entwickler anhand dieses Ergebnisses ihre Systeme überprüfen und Fehler dieser Art vermeiden, um nicht aus Versehen rassistisch zu handeln.

Auch die Interaktion zwischen dem autonomen Fahrzeug und der fahrenden Person bringt weitere Herausforderungen mit sich. So muss gegebenenfalls bei der Hochautomatisierung (Level 4) die fahrende Person das Steuer übernehmen, wenn es beispielsweise zu technischem Versagen kommt.[195] Darauf muss diese vorbereitet sein, da möglicherweise ein Moment der Überraschung oder des Schrecks bereits zu einem Unfall führen könnte. Darüber hinaus ist interessant zu betrachten, zu welchem Ausmaß die Programmierung des Wagens bekannt ist und durch das Eingreifen des Menschen verändert werden kann. Lernt

---

[189] Vgl. *Simanowski, R.*, Todesalgorithmus, 2017, o. S.
[190] Vgl. *Netter, F.*, Applikationen, 2017, S. 24.
[191] Vgl. *Wilson, B. et al.*, Inequity, 2019, S. 1.
[192] Vgl. *Bundesamt für Strahlenschutz*, Hauttypen, o. J., o. S.
[193] Vgl. *Wilson, B. et al.*, Inequity, 2019, S. 1.
[194] Vgl. *Samuel, S.*, Skin, 2019, o. S.
[195] Vgl. *Brown, B., Laurier, E.*, Trouble, 2017, S. 416-425.

beispielsweise die fahrende Person, dass ein Wagen zur Unfallverhütung in bestimmten Situationen immer bremst, könnte sie sich dieses Wissen zunutze machen, um in den entsprechenden Momenten selbst das Steuer zu übernehmen und schneller voran zu kommen. Die höhere Sicherheit durch das bessere Fahrverhalten des autonomen Fahrzeugs wäre damit konterkariert.[196] Es ist außerdem zu beachten, dass Verkehrsteilnehmende bislang nur bedingt auf das Verhalten von Maschinen, das von dem Menschen abweichen kann, vorbereitet sind.[197] Endsley stellt in dem Zusammenhang fest, dass dringend ein stärkerer Fokus auf das Fahrtraining von und mit autonomen Fahrzeugen gerichtet werden sollte.[198]

Bei einer anderen Untersuchung fanden Dikmen und Burns heraus, dass Fahrende von Tesla-Fahrzeugen häufig den Autopiloten verwenden, sich mit der Automatisierung auskennen und diese als leicht erlernbar empfinden.[199] Gleichzeitig war in den Fahrzeugen die Häufigkeit von Automatisierungsfehlern hoch, was für die meisten Teilnehmenden jedoch nicht als Risiko eingestuft wurde. Die Autorin und der Autor geben allerdings zu bedenken, dass Studien mit autonomen Fahrzeugen aktuell nur mit Menschen durchgeführt werden, die sich besonders für die neue Technologie interessieren und ihr aufgeschlossen gegenüberstehen. Die Ergebnisse können daher nicht verallgemeinert werden.[200]

Wirklich problematisch sind jedoch nicht die eindeutigen Situationen, in denen es um das Beachten bestimmter Verkehrsregeln oder Geschwindigkeitsbeschränkungen geht. Oftmals entstehen im Verkehr Dilemma-Situationen, bei denen es unklar ist, wie das beste Vorgehen aussieht.

3.4 Dilemma-Situationen

Auch wenn der Nutzen des Autonomen Fahrens groß sein kann, ist die Konformität mit den ethischen Grundprinzipien der Gesellschaft ein Kernfaktor für die erfolgreiche Verbreitung der Technologie.[201] Für eine Akzeptanz der Gesellschaft ist es von Bedeutung, dass vor allem Dilemma-Situationen gründlich

---

[196] Vgl. ebd.
[197] Vgl. ebd.
[198] Vgl. *Endsley, M. R.*, Naturalistic, 2017, S. 237.
[199] Vgl. *Dikmen, M., Burns, C. M.*, World, 2016, S. 225-228.
[200] Vgl. *Dikmen, M., Burns, C. M.*, World, 2016, S. 225-228.
[201] Vgl. *Avci, Ü., Gulbahar, Y.*, Technology, 2013, S. 105-106.

durchleuchtet werden.[202] Die Einführung autonomer Fahrzeuge soll vor allem Unfälle im Straßenverkehr reduzieren. Es wird jedoch nicht möglich sein, Unfälle gänzlich zu vermeiden oder gar auszuschließen, sei es durch Softwarefehler, Systemausfälle oder unvorhersehbare Situationen. Die Ansprüche seitens der Gesellschaft werden wahrscheinlich nicht vollständig zu befriedigen sein.[203] Dennoch ist es notwendig, dass Fahrzeuge sich den Normen entsprechend verhalten. Gleichzeitig fehlen aber eindeutige Definitionen dieser Normen.[204] Eine Beantwortung der Frage, wie der Computer in einer unvermeidbaren Unfallsituation entscheiden soll, ist daher notwendig.

In einer potentiellen Unfallsituation kommen viele Faktoren zusammen und müssen analysiert werden. Es muss bewertet werden, ob eine Kollision möglicherweise bevorsteht und sollte dies der Fall sein, welche Maßnahmen diese Kollision verhindern können. Sollte sich eine Kollision nicht verhindern lassen, muss abgewogen werden, welche Personen- und Materialschäden in einer Dilemma-Situation hingenommen werden.[205]

3.4.1 Das Trolley-Problem

Das oben bereits erwähnte Trolley-Problem ist ein Gedankenexperiment, um die moralischen Entscheidungen von Menschen in Erfahrung zu bringen und moralische Leitlinien weiterzuentwickeln.[206] Der erste Grundgedanke zu dem Experiment kam von der Philosophin Philippa Foot im Jahre 1967.[207] Die Philosophin Judith Jarvis Thomson erweiterte das Gedankenexperiment später.[208] Im Laufe der Zeit wurden von vielen weiteren Personen neue Szenarien und Gedankengänge dazu entwickelt.

Das Szenario stellt sich wie folgt dar: Ein Zug ist außer Kontrolle geraten und rast auf fünf gefesselte Personen zu. Ein Mann steht an einer Weiche und könnte die Weiche umlegen, damit der Zug auf ein anderes Gleis geleitet wird, auf dem

---

[202] Vgl. *Hilgendorf, E.*, Ethikkommission, 2017, S. 48.
[203] Vgl. *Scholz, V., Kempf, M.*, Mobilität, 2016, S. 219.
[204] Vgl. *Fagnant, D. J., Kockelman, K.*, Barriers, 2015, S. 176.
[205] Vgl. *Könneker, C.*, Zukunft, 2017, S. 196.
[206] Vgl. *Edmonds, D.*, Mann, 2015, S. 1.
[207] Vgl. *Edmonds, D.*, Mann, 2015, S. 19.
[208] Vgl. *Bülow, R.*, Weichensteller, 2017, o. S.

sich nur eine gefesselte Person befindet. Wie soll der Mann sich entscheiden? Soll er die Weiche umlegen oder nicht handeln? Was ist moralisch zulässig?[209]

Thomson recherchierte, dass die meisten Menschen es moralisch vertretbar finden, die Weiche umzulegen.[210] Unstimmigkeit bestand jedoch darüber, ob die Weiche in solch einer Situation wirklich umgelegt werden würde.

Den Befragten wurde ein weiteres Szenario vorgestellt: Ein Arzt hat fünf Patienten, die alle auf eine Organspende warten. Zwei benötigen neue Nieren, weitere zwei warten auf einen Lungenflügel und ein weiterer auf ein Herz. Wenn die Patienten die Organe nicht am selben Tag noch erhalten, werden alle sterben. Dann kommt ein junger Mann zu einer Vorsorgeuntersuchung. Er ist gesund und hat zufällig die richtige Blutgruppe. Der Arzt fragt den Mann, ob dieser seine Organe spenden würde, doch er lehnt ab. Wäre es moralisch vertretbar, wenn der Arzt den Mann umbringen würde, um seine Organe zu verteilen und somit die fünf Patienten zu retten?

Alle Befragten antworteten, dass es moralisch nicht vertretbar sei, den gesunden Mann zu töten.[211] Es bleibt aber unklar, warum die Befragten in beiden Szenarien unterschiedlich entschieden haben, obwohl jeweils die Chance bestand, fünf Menschen zu retten, während nur einer stirbt. Weiterhin ist zu klären, ob die Menschen solche Entscheidungen anders bewerten würden, wenn sich das Gedankenexperiment auf das Autonome Fahren beziehen würde.

Im Straßenverkehr entstehen leicht Situationen, die dem Trolley-Problem ähnlich sind: Angenommen ein Fahrzeug befindet sich auf dem Weg zu einem Supermarkt. Ein Fußgänger läuft unerwartet auf die Straße. Um einen Zusammenstoß zu vermeiden, muss ein Ausweichmanöver durchgeführt werden. Dieses würde jedoch entweder dazu führen, dass das Auto entweder in den Gegenverkehr fährt oder zwei Passanten am Straßenrand erfasst. Es ist unklar, was moralisch gesehen die richtige Handlung wäre und ob es dem Fahrer überhaupt möglich ist, in dem kurzen Moment der Reaktion die Auswirkungen seiner Handlungen umfassend zu ermitteln. Unfallsituationen bedeuten erheblichen Stress. Die Menge an Informationen und Bedingungen können vom menschlichen Verstand kaum so verarbeitet werden, dass es zu einer fundierten

---

[209] Vgl. *Edmonds, D.*, Mann, 2015, S. 19.
[210] Vgl. *Thomson, J. J.*, Trolley, 1985, S. 1395-1396.
[211] Vgl. ebd.

Entscheidung kommen kann. Viel wahrscheinlicher ist eine Reaktion, die reflexartig oder intuitiv entsteht.[212] Bei einem autonomen Fahrzeug wäre im besten Fall genau diese Situationen bereits einprogrammiert. Die Konsequenzen müssten nicht erst analysiert werden, sondern es könnte sofort von dem System eingegriffen werden. Womöglich könnte dadurch der Schaden minimiert werden. Es gilt jedoch zu berücksichtigen, dass es nicht möglich ist, jede Dilemma-Situation nachzubilden. Durch unzählige zufällige Faktoren können unendlich viele verschiedene Situationen entstehen.[213]

3.5 Ethische Präferenzen

In der Literatur wird das Trolley-Problem häufig auch im Zusammenhang mit dem Prinzip der Doppelwirkung erwähnt, im Folgenden PDW genannt. Nach dem PDW ist es möglich, dass jede Handlung erwünschte und unerwünschte Konsequenzen haben kann. Eine Handlung durchzuführen ist jedoch nur erlaubt, wenn die unerwünschten Konsequenzen unbeabsichtigt sind.[214] Weiter erklärt das PDW, dass die negativen Auswirkungen einer Handlung nur deswegen akzeptiert werden, weil davon ausgegangen wird, dass gute Folgen eintreffen werden.[215] Demnach würde es bedeuten, dass es moralisch nicht gerechtfertigt ist, wenn der Arzt den Mann für seine Organe tötet. Sein Tod wäre nicht unbeabsichtigt gewesen, sondern vorsätzlich. Die Entscheidung die Weiche umzulegen, um fünf Personen zu retten, wäre moralisch in Ordnung. Es besteht schließlich die Möglichkeit, dass der Zug unerwartet doch noch vor der gefesselten Person zum Stehen kommt oder die gefesselte Person sich befreien kann und davonläuft.[216]

Zu einem ähnlichen Schluss kann man auch bei dem Beispiel des Fahrzeugs kommen. Nicht auszuweichen wäre gerechtfertigt, da der Fußgänger bestenfalls doch noch weglaufen könnte. Doch die Entscheidungsfindung ist in der Realität erheblich komplizierter und hängt von einem breiten Spektrum an Faktoren ab. Zu diesen zählen z. B. Herkunft, Erziehung, Geschlecht, Alter und Beziehungsstatus der entscheidenden sowie kollidierenden Person. Im Kontext des Autonomen Fahrens ergibt sich daraus die Frage, ob diese Faktoren auch von

---

[212] Vgl. *Eckoldt, M.*, Willensfreiheit, 2016, o. S.
[213] Vgl. *Hilgendorf, E.*, Ethikkommission, 2017, S. 49.
[214] Vgl. *Ricken, F.*, Allgemeine, 2003, S. 231.
[215] Vgl. *Vieth, A.*, Philosophische, 2018, S. 122.
[216] Vgl. *Ricken, F.*, Allgemeine, 2003, S. 236.

Algorithmen einbezogen werden sollen oder ob eine neutrale Entscheidung bevorzugt wird. Unterschiedliche Szenarien des Trolley-Problems vereinfachen es dabei, die Fragestellungen für Befragte zu verdeutlichen.

Die Plattform Moral Machine des Massachusetts Institute of Technology ermöglichte es Forschern, fast 40 Millionen Entscheidungen aus 233 Ländern zu erfassen. Den Benutzern wurden verschiedene Szenarien mit zwei Unfallsituationen gezeigt, in denen sie sich für eine Auswirkung entscheiden mussten. So beispielsweise, ob die jüngere oder ältere Person sterben soll, oder ob der Mensch oder das Haustier bevorzugt wird. Die Befragten hatten jedoch auch andere Merkmale zu berücksichtigen: das Nichtbeachten einer roten Ampel durch eine Person oder dass es sich bei beteiligten Personen um Ärzte oder Obdachlose handelte. Aus der Auswertung geht hervor, dass die meisten der Befragten lieber viele Personen als eine einzelne Person verschonen. Menschen werden gegenüber Haustieren bevorzugt. Den Kinderwagen zu retten hat eine höhere Priorität als eine ältere Person. Personen, die sich an die Verkehrsregeln halten werden eher verschont als Personen, die trotz einer roten Ampel über die Straße laufen. Weiterhin werden generell Babys, Kinder oder Schwangere stärker geschützt. Unterschiede gab es jedoch bezüglich der Herkunft der Teilnehmenden festzustellen: In geographisch östlichen Regionen werden eher ältere Personen verschont, hingegen in südlichen Regionen die jüngeren Personen.[217]

In einer anderen Studie fanden Forschende heraus, dass die Teilnehmenden utilitaristisch handelnde Fahrzeuge, also Fahrzeuge, die ihre Passagiere für das Wohl der Allgemeinheit opfern würden, für gut befanden und sich wünschten, dass andere Menschen diese kauften.[218] Sie selbst aber würden lieber autonome Fahrzeuge fahren, die ihre Passagiere um jeden Preis schützen. Die Studienteilnehmer lehnten es darüber hinaus ab, allgemeingültige utilitaristische Regeln für autonome Fahrzeuge (gesetzlich) zu erzwingen. Dementsprechend könnte eine Regulierung, die utilitaristische Algorithmen für die Programmierung festlegt, paradoxerweise die Zahl der Opfer erhöhen, indem die Einführung der grundsätzlich sichereren Technologie herausgezögert wird.[219]

---

[217] Vgl. *Awad, E. et al.*, Experiment, 2018, S. 59-64.
[218] Vgl. *Bonnefon, J.-F. et al.*, Dilemma, 2016, S. 1573-1576.
[219] Vgl. ebd.

3.6 Leitlinien der Bundesrepublik Deutschland

Alexander Dobrindt hat für die Erstellung von Leitlinien für das automatisierte und vernetzte Fahren eine Ethik-Kommission einberufen. Im Juni 2017 veröffentlichte diese 20 Ethik-Regeln im Rahmen eines Berichts.[220] Auch im Hinblick auf Dilemma-Situationen wurden verschiedene Regeln verfasst. So besagt die fünfte Regel, dass die Technologie so weit fortgeschritten sein muss, dass eine Dilemma-Situation überhaupt nicht zustande kommt.[221] Das heißt, das Fahrzeug soll nicht in die Situation gelangen, eine Entscheidung treffen zu müssen. Dilemma-Situationen vollkommen auszuschließen, ist jedoch nicht realistisch. Aus diesem Grund sollte analysiert werden, was passiert, wenn die Technik versagt und eine Dilemma-Situation eintrifft.

Hiermit hat sich die Ethik-Kommission in der siebten Regel auseinandergesetzt. Dort ist vermerkt, dass das Leben eines Menschen an erster Stelle steht. In Situationen, in denen die Wahl zwischen einem Menschen und einem Tier bzw. einer Sache besteht, muss immer der Mensch bevorzugt werden. Anhand der Befragungsergebnisse der Moral Machine kann festgestellt werden, dass eine Mehrheit der Gesellschaft dieser Aussage zustimmt. Während bei der Befragung die Präferenzen vor allem zugunsten von Kindern bzw. jungen Menschen und Schwangeren ausfallen, besagt jedoch die Regel Nummer neun der Ethik-Kommission, dass genau solch eine Hierarchisierung von Alter, körperlicher und geistiger Verfassung oder Geschlecht nicht geduldet wird.[222]

Aus dem Bericht lässt sich weiterhin ableiten, dass es nicht für jede Dilemma-Situation eine passende Regel geben kann. Jede Situation muss individuell bewertet werden.[223] Ein Hauptaugenmerk der Dilemma-Situationen liegt auf dem Aufrechnen von Menschenleben, wie in den genannten Beispielen. Laut dem Bericht ist dies jedoch nicht gerechtfertigt. Der Fahrzeuginsasse darf nicht entscheiden, ob eine unbeteiligte Person geopfert werden darf, um mehrere andere zu retten. Ausnahmen bestehen jedoch, wenn alle Personen bedroht sind. In diesem Punkt sieht die Ethik-Kommission noch Diskussionsbedarf.[224]

---

[220] Vgl. Bundesministerium für Verkehr und digitale Infrastruktur, Bericht, 2017, o. S.
[221] Vgl. *Ethik-Kommission*, Regeln, 2017, S. 10
[222] Vgl. *Ethik-Kommission*, Regeln, 2017, S. 10,11
[223] Vgl. *Ethik-Kommission*, Regeln, 2017, S. 17
[224] Vgl. *Ethik-Kommission*, Regeln, 2017, S. 18

Es bleibt festzuhalten, dass insbesondere bei Dilemma-Situationen jeder Mensch aufgrund seiner intuitiven und emotionalen Präferenzen unterschiedlich handelt.[225] Was für den einen als moralisch richtig gilt, kann sich für den Nächsten falsch anfühlen. Konkludierend kann gesagt werden, dass vor und nach der Einführung von autonomen Fahrzeugen trotz der Ethik-Regeln weiterhin Klärungsbedarf besteht.

Goodall weist zudem darauf hin, dass das Trolley-Problem in Diskussionen zwar nützlich ist, aber in der Realität so nicht vorkommt. Selten hat eine Person eine klare Entscheidung mit nur zwei verschiedenen Alternativen vor sich.[226] Echte Fahrdilemmata zeichneten sich vielmehr durch viele subtile Entscheidungen und unsichere Ergebnisse aus. Deswegen sei die Ethik von automatisierten Fahrzeugen eher als eine gerechte Verteilung gewisser Risiken zu interpretieren. Wie beispielgebend in anderen Dilemma-Situationen wie der Impfstoffrationierung oder der Organspende könnten Ansätze verwendet werden, die Elemente verschiedener Ethiken integrieren. Zum Beispiel kombinieren viele Organspendenprogramme die deontologische Ethik (wer zuerst kommt, mahlt zuerst) mit der Nützlichkeitsethik (die krankste Person zuerst), wenn die Personen, die die Organe erhalten sollen, priorisiert werden. Dies sei ein in der Praxis offenbar gut gangbarer Weg, so Goodall.[227]

Ferner ist es nach dem aktuellen Stand der Technik nicht möglich, dass die Systeme Dilemma-Situationen erkennen. Die vielen verschiedenen Einzelheiten in solch einer Situation sind für die Sensoren nicht wahrzunehmen. Weiterhin befinden sich noch Defizite in den Algorithmen zur Zusammenführung und Auswertung von Sensordaten. Das bedeutet, die Systeme können die Daten noch nicht in allen Situationen zuverlässig bewerten.[228] Das Fahrzeug kann somit beispielsweise nicht erkennen, ob sich eine Person oder ein Gegenstand auf der Fahrbahn befindet.[229] Daraus lässt sich ableiten, dass sich die Hersteller und Gesetzgeber nicht nur mit der Weiterentwicklung der Technik beschäftigen müssen, sondern auch mit den Fragen der Dilemma-Situationen. Denn wie zu Beginn dieses Abschnittes erwähnt, hat die Gesellschaft einen großen Einfluss

---

[225] Vgl. *Vaas, R.*, Gehirn, 2008, S. 88.
[226] Vgl. *Goodall, N. J.*, Risk, 2017, S. 496.
[227] Vgl. *Goodall, N. J.*, Risk, 2017, S. 496.
[228] Vgl. *Matthaei, R. et al.*, Fahrerassistenzsysteme, 2015, S. 1147-1148; *Gruyer, D. et al.*, Perception, 2017, S. 334.
[229] Vgl. *Matthaei, R. et al.*, Fahrerassistenzsysteme, 2015, S. 1147-1148.

darauf, ob eine Innovation am Markt Erfolg hat oder nicht. Hierzu ist es jedoch notwendig, die ethischen Grundprinzipien der Gesellschaft mit zu berücksichtigen.

4 Technische Herausforderungen durch die großflächige Einführung von autonomen Fahrzeugen

In den folgenden Kapiteln wird zunächst auf einige technologische Herausforderungen eingegangen, die bezüglich der Implementierung beachtet werden müssen. Das Kapitel Infrastruktur (4.1) soll veranschaulichen, welche Änderungen im Straßenverkehr benötigt werden, damit autonome Fahrzeuge überhaupt verwendet werden können und welche Auswirkungen sich dabei ergeben könnten. Im Kapitel Umweltaspekte (4.2) wird erläutert, ob das Autonome Fahren die Anzahl der Verkehrsteilnehmer erhöht und somit das Ziel, die Umwelt weniger zu belasten, gefährdet. Anschließend wird in den Kapiteln Datenschutz (4.3) und Sicherheit und Schutz gegen Manipulation (4.4) dargelegt, ob die Daten der Nutzer sicher sind und ob es möglich ist, dass eine dritte Person Kontrolle über das Fahrzeug erlangen kann.

4.1 Anpassung der Infrastruktur

In der Zukunft wird die Einführung autonomer Fahrzeuge Anpassungen oder Veränderungen der Straßenstrukturen mit sich bringen. Die Straßenführungen werden nach heutigem Stand so geplant, dass der Mensch sich als Fahrer auf den Straßen zurechtfindet findet, aber die Technik eigenständig nicht.[230] Im österreichischen Koppl bei Salzburg wurde ein autonomer Digibus bereits ausgiebig getestet. Cornelia Zankl überwachte jede Fahrt und kam schnell zu der Erkenntnis, dass die Straßenverhältnisse nicht ideal sind. Bei herausstehenden Gebüschen oder Mülltonnen blieb der Digibus stehen und Zankl musste eingreifen.[231] Wegen solcher Hindernisse und z. B. Schlaglöchern auf den Straßen, Verkehrsinseln oder Straßenverengungen, setzen Automobilhersteller auf Sensoren wie Lidar. Durch die Verwendung der Sensoren ist eine Erkennung des Umfelds zwar möglich,[232] aber die Nutzung in Echtzeit ist aufgrund der aufwendigen Vorgänge noch nicht realisierbar.[233]

---

[230] Vgl. *Reiter, A.*, Lenken, 2018, o. S.
[231] Vgl. ebd.
[232] Vgl. *Kernhof, J. et al.*, Lidar, 2018, S. 30-31.
[233] Vgl. *Fischer, H.*, Verkehrssituationen, 2019, S. 17.

Ein Wandel könnte sich beispielsweise auf Wohnflächen oder Parkplatzsituationen niederschlagen.[234] Sollte es zu dem Szenario kommen, dass dank Autonomem Fahren weniger Fahrzeuge genutzt werden, so wäre es möglich, dass wenig genutzte Straßen, Parkplätze und Parkhäuser zurückgebaut oder für anderweitige Projekte genutzt werden könnten.[235] Aber auch die Attraktivität des Wohnraums kann sich verändern. Rund 60 Prozent der Angestellten, so eine Studie des Bundesinstituts für Bau-, Stadt- und Raumforschung, pendelt zur Arbeitsstelle.[236] Das kann unter anderem an hohen Mieten oder zu wenig Wohnraum liegen, aber auch das Arbeitnehmer eine passende Beschäftigung ausüben möchten.[237] Durch das Autonome Fahren ist es möglich, dass die Vororte weiter wachsen[238] und die Bereitwilligkeit zum Pendeln ansteigt.[239]

Für die Einführung und Entwicklung des Autonomen Fahrens ist es von Bedeutung, die Digitalisierung und Vernetzung anzupassen.[240] Um autonome Fahrzeuge sicher nutzen zu können, findet ein hoher Datenaustausch statt, der zuverlässig funktionieren muss. Dafür ist eine Netzabdeckung mit 5G erforderlich, aber auch WLAN wäre eine Möglichkeit.[241] 5G ist eine Generation der Mobilfunktechnologie.[242] Die Netzabdeckung mit 5G ist vor allem für die Realisierung des Ziels der Unfallreduktion von Wichtigkeit. Denn um Unfälle zu vermeiden, ist ein Datenaustausch innerhalb von Millisekunden erforderlich.[243] Wenn kein 5G-Netz verfügbar ist oder die Verbindung wegbricht, bedeutet das jedoch nicht, dass das Autonome Fahren lahm liegt, sondern nur, dass mit Einschränkungen zu rechnen ist. Das Fahrzeug würde nur noch so schnell wie ein Fußgänger fahren und auch auf Zusatzfunktionen wie Verkehrsflussoptimierung oder Routenplanung müsste verzichtet werden.[244]

---

[234] Vgl. *Heinrichs, D.*, Stadtstruktur, 2015, S. 229-230.
[235] Vgl. *Kemme, M.*, Städte, 2018, o. S.
[236] Vgl. *Bundesinstitut für Bau-, Stadt- und Raumforschung*, Menschen, 2017, o. S.
[237] Vgl. *Dauth, W., Haller, P.*, Pendeldistanzen, 2018, S. 5.
[238] Vgl. *Bagloee, S. A. et al.*, Opportunities, 2016, S. 290.
[239] Vgl. *Heinrichs, D.*, Stadtstruktur, 2015, S. 231.
[240] Vgl. *Verband der Automobilindustrie*, Automatisierung, 2015, S. 19; *Zheng, K. et al.*, Vehicular, 2015, S. 72.
[241] Vgl. *Hage, S., Rosenbach, M.*, Autobranche, 2018, o. S.
[242] Vgl. *Andrews, J. G. et al.*, 5G, 2014, S. 1065.
[243] Vgl. *Simsek, M. et al.*, Internet, 2016, S. 461.
[244] Vgl. *Hammerschmidt, C.*, Insel, 2019, o. S.

Ein weiterer Vorteil eines Netzausbaus für die Infrastruktur lässt sich bei Car-to-everything (Car2X) oder auch Vehicle-to-everything (V2X) wiederfinden. V2X ermöglicht es, dass die Fahrzeuge mit anderen Fahrzeugen, der Infrastruktur, Netzwerken, Fußgängern oder auch anderen Verkehrsteilnehmern kommunizieren bzw. Daten austauschen.[245] Durch den Austausch können Informationen wie der aktuelle Standort, Ampelphasen oder Hindernisse weitergeben werden. Das ist vor allem ein positiver Nutzen für die Sicherheit.[246] Durch die V2X-Funktion soll es möglich sein „um die Ecke" zu gucken obwohl sich das Fahrzeug gerade an einer Kreuzung befindet. Auf freiem Feld soll sich diese Funktion auf 300 Meter begrenzen, im städtischen Raum wird dies nicht möglich sein, soll aber für „um die Ecke" sehen ausreichen.[247] So können Fahrzeuge nachkommenden Verkehrsteilnehmenden Informationen zukommen lassen, wie beispielsweise dass eine Gefahrensituation folgt (Aquaplaning, Unfälle oder Stau). Das System kann dann eine Auswahlroute generieren oder anderweitig eingreifen.[248]

Autonome Fahrzeuge sind in der Lage, durch Sensoren ihr Umfeld zu erkennen und zu handeln. Dennoch ist die Perspektive aufgrund der fehlenden Koordination mit anderen Fahrzeugen begrenzt.[249] Durch die Kombination der V2X-Funktion werden wichtige Eigenschaften zusammengestellt, die im Hinblick auf Sicherheit, Effizienz und eine optimale Nutzung der Infrastruktur große Vorteile bieten können.[250]

4.2 Umweltaspekte

Nachhaltigkeit und Umweltschutz wird immer mehr zum Thema im Alltag.[251] Es stellt sich daher auch die Frage, wie die Umwelt dank Autonomem Fahren geschont werden kann, während gleichzeitig die Mobilität erhöht wird. Die Luftverschmutzung ist vor allem in den großen Städten von Asien und

---

[245] Vgl. *Campolo, C. et al.*, Vehicle-to-Everything, 2017, S. 38-39.
[246] Vgl. *Kokuti, A. et al.*, Architecture, 2017, S. 69; *Verband der Automobilindustrie*, Automatisierung, 2015, S. 19
[247] Vgl. *Franke, K. et al.*, Car2X, 2012, S. 919.
[248] Vgl. *Verband der Automobilindustrie*, Automatisierung, 2015, S. 19
[249] Vgl. *Hobert, L. et al.*, Communication, 2015, S. 69.
[250] Vgl. *Franke, K. et al.*, Car2X, 2012, S. 919.
[251] Siehe beispielsweise die „Fridays for Future"-Proteste, inspiriert durch die schwedische Schülerin Greta Thunberg, die jeden Freitag für die Bekämpfung des Klimawandels streikt. *Fridays for Future*, Fridays, o. J., o. S.

Lateinamerika so rasant angestiegen, dass zur Verringerung der entstehenden Feinstaubbelastung Straßen oder ganze Stadtteile gesperrt werden.[252] Aber auch in Deutschland wird die Luftverschmutzung immer mehr zum Problem.[253] Durch die Motoren, die Benzin und Diesel verbrennen, steigt die Menge an Stickoxiden und Feinstaub. Diese Stoffe sind nicht nur für die Umwelt schädlich, sondern auch für die menschliche Gesundheit.[254] Der Klimawandel wird zudem vorangetrieben.[255]

Um der Umweltbelastung entgegenzuwirken, existieren Visionen, wie das Autonome Fahren eingreifen kann. Eine Umstellung der Verbrennungsmotoren auf elektrische Motoren ist dabei nicht unbedingt umweltfreundlicher. Ob ein Elektromotor sich positiv auf die Umwelt auswirkt, kann pauschal nicht beantwortet werden. Die Unterschiede ergeben sich vor allem durch die verschiedenen Autoklassen, die erst ab einer bestimmten Laufzeit umweltfreundlicher als Verbrennungsmotoren sind. Das liegt daran, dass stark motorisierte Fahrzeuge eine größere Batterie benötigen. Umso größer die Batterie ist, desto höher werden die CO2-Emissionen durch die Bereitstellung des Stroms. Die Entwicklung in umweltschonende Antriebe sollte daher weiter intensiviert werden, um dem Klimawandel nicht weiter zu fördern.[256] Eine gute Alternative zu den Batterien in den Elektroautos sind Akkus, da diese seltener hergestellt werden und in der Produktion weniger Strom verbrauchen.[257]

Um die Umwelt zu schonen, hat das Autonome Fahren weiteres Potential. Das autonome Fahrzeug ist darauf ausgelegt, die Passagiere effizient zu befördern. Vor allem eine rasante und zu schnelle Fahrweise mit häufigem Bremsen und Beschleunigen führt zu einem Anstieg der Abgase.[258] Durch die vorausschauende Fahrweise des autonomen Fahrzeugs kann dieses Problem minimiert werden.[259]

---

[252] Vgl. *Herrmann, A., Brenner, W.*, Revolution, 2018, S. 39.
[253] Vgl. ebd.
[254] Vgl. *Reckordt, M.*, Gerechtigkeit, 2018, o. S.
[255] Vgl. *Herrmann, A., Brenner, W.*, Revolution, 2018, S. 39.
[256] Vgl. *Kroher, T.*, Ökobilanz, 2018, o. S.
[257] Vgl. *Reckordt, M.*, Gerechtigkeit, 2018, o. S.
[258] Vgl. *Wuttke, W.*, Sauber, 2018, o. S.
[259] Vgl. *Herrmann, A., Brenner, W.*, Revolution, 2018, S. 40.

Weiterhin wirkt sich die Fahrweise des autonomen Fahrzeugs positiv auf den Verkehrsfluss aus. Somit kann auch bei hohem Verkehrsaufkommen Staus vorgebeugt werden.[260] Sollte es doch zu einem Stau kommen, kann das System eine andere Route wählen, um den Stau zu umfahren. Die Auswahl der optimalen Route ist auch ohne Staus für die Umwelt von Interesse. Das Fahrzeug kann die Route wählen, die einen minimalen Verbrauch fordert.[261] In dieser noch fiktiven Situation könnten Schadstoffe vermieden und gleichzeitig die Mobilität gesteigert werden.

Laut einer neuen Studie des Wirtschaftsforums und der Boston Consulting Group wäre es jedoch ebenfalls möglich, dass genau das Gegenteil eintritt. Der Verkehr könnte in bestimmten Stadtteilen zunehmen. Laut einer Hochrechnung anhand der Stadt Boston könnte sich die Zeit pro Reise um 5,5 Prozent erhöhen. Wird die Stadt als Einheit betrachtet, ist insgesamt ein Rückgang von 4,3 Prozent zu erwarten. Durch die Steigerung der Mobilität werden dabei 16 Prozent mehr Kilometer zurückgelegt. Dieses Ergebnis lässt darauf schließen, dass die Auswirkungen auf die Umwelt insgesamt negativ sein werden.[262] Wenn der Mensch nur noch als Passagier mitfährt, könnten insgesamt mehr Menschen mit dem Auto mobil sein, so auch ältere Menschen oder Personen, die heute ohne Führerschein mit öffentlichen Verkehrsmitteln unterwegs sind oder ihre Wege zu Fuß oder mit dem Fahrrad bewältigen. Das gilt jedoch vor allem für die Innenstädte. In den Vorstädten würden sich die Bedingungen eher verbessern.[263] Im Hinblick auf den Klimawandel sollten hier jedoch noch einige Untersuchungen stattfinden, um zu verstehen, ob und wie das Autonome Fahren wirklich weiterhelfen kann.

4.3 Datenschutz der personenbezogenen Daten

In der heutigen Welt werden ständig und überall Daten gesammelt, ob beim Surfen im Internet, beim Benutzen des Smartphones oder beim Beantworten von Umfragen. Besonders Firmen sind daran interessiert, diese Daten auszuwerten, um die Menschen zu analysieren und ihr Verhalten sowie ihre

---

[260] Vgl. Rios-Torres, J., Malikopoulos, A. A., Impact, 2017, o. S.
[261] Vgl. *Miao, C. et al.*, Route, 2018, S. 367.
[262] Vgl. *World Economic Forum*, Urban, 2018, S. 18
[263] Vgl. *Halsey, A.*, Driverless, 2018, o. S.

Einstellungen besser kennenzulernen.[264] Den Personen kann daraufhin eine passende Werbung angezeigt werden, Käufe werden angeregt und zudem haben die Firmen die Möglichkeit, eigene Produkte zu verbessern.[265]

Lange Zeit war Autofahren ein Synonym für Eigenständigkeit und Freiheit. Das Auto wird vielfach als zweites Zuhause angesehen, in dem vertrauliche Gespräche geführt werden und das einem Schutz vor der Außenwelt bietet. Zusätzlich kann der Fahrer frei entscheiden, zu welchem Ort er fährt, welchen Weg er dafür nimmt, wann er Pausen einplant und muss sich niemanden erklären.[266] Doch genau diese Daten werden für die steigende Mobilität benötigt. Autonomes Fahren baut darauf auf, große Mengen an Fahrzeug- und Fahrerdaten zu sammeln und auszuwerten, um mit der Außenwelt zu kommunizieren.[267] Dabei werden das gewonnene Freiheitsgefühl und die Privatsphäre konterkariert, da der Mensch ständig überwacht wird und seine Daten verwendet werden.

Heutzutage können immer mehr Autos viele Parameter der Fahrerassistenzsysteme selbst justieren.[268] Die Systeme kommunizieren über Kommunikationsbusse, auch Bussysteme genannt, wie der CAN-Bus oder FlexRay. Diese Bustypen sorgen für den Datenaustausch zwischen den Steuergeräten,[269] sodass Aktuatoren die kommunizierten Werte und Einstellungen vornehmen können.[270]

Autos werden häufig nicht nur von einem Fahrer gefahren. Um nicht bei jeder Fahrt alle Einstellungen anpassen zu müssen, ermöglicht es die Automarke Volkswagen daher seinen Kunden, verschiedene Fahrerprofile abzuspeichern. Über den Autoschlüssel wählt das System automatisch das gespeicherte Profil aus. Sollte der Autofahrer den Autoschlüssel von einem anderen Fahrer verwenden, kann das Profil auch manuell im System ausgewählt werden. Durch diese Funktion können beispielsweise die Einstellungen der Sitzposition, Außenspiegel und Klimaanlage gespeichert werden, aber auch welchen Radiosender der Fahrer hört oder sämtliche Einstellungen der Fahrerassistenzsysteme.[271]

---

[264] Vgl. *Jentzsch, N.*, Privatsphäre, 2014, o. S.
[265] Vgl. *Wambach, A., Müller, H. C.*, Wohlstand, 2018, S. 81.
[266] Vgl. *Rannenberg, K.*, Daten, 2015, S. 516.
[267] Vgl. *Dudenhöffer, F.*, Kurve, 2016, S. 148-149.
[268] Vgl. *Dudenhöffer, F.*, Kurve, 2016, S. 148.
[269] Vgl. *Krimmel, H., Ersoy, M.*, Fahrwerkelektronik, 2017, S. 776.
[270] Vgl. *Dudenhöffer, F.*, Kurve, 2016, S. 148.
[271] Vgl. *Volkswagen AG*, Personalisierung, 2017, o. S.

Durch eine Analyse der Daten aus solchen Profilen sowie der Daten der Kommunikationsbusse ist es möglich, Rückschlüsse auf die Eigenschaften des Fahrers zu ziehen. Unter anderem könnte festgestellt werden, welcher Fahrer gefahren ist, ob eventuell ein anderer Fahrer weitergefahren ist, wann die Fahrt angetreten worden ist oder wie lange der Fahrer an einem Ort verbracht hat. Aufgrund solcher Angaben ist es möglich, dass das Auto den Fahrer besser kennt als andersherum. Mittels der Verknüpfung mit dem Internet können diese Daten auch von den Autoherstellern ausgelesen werden.[272]

Für das Autonome Fahren ist es nicht nur von Bedeutung, dass das Fahrzeug seine Umgebung und Position erkennt. Vor allem ist eine stetig aktualisierte Straßenkarte essentiell, die neben den Straßen auch das Wetter oder Staus berücksichtigt, um gegebenenfalls andere Routen fahren zu können. Anlässlich der wiederkehrenden Aktualisierungen und der großen Datenmengen werden diese Informationen in einer Cloud gespeichert.[273] Eine Cloud ist eine zur Verfügung gestellte Ressource, z. B. ein Netzwerk oder Speicherplatz, der durch mehrere Nutzer verwendet werden kann.[274] Auf die Cloud haben alle autonomen Fahrzeuge Zugriff, sodass jedes Fahrzeug Daten an die Cloud übermittelt und somit den Datenpool vergrößert und aktualisiert. Der Fahrzeughalter arbeitet somit nicht nur mit seinen eigenen Daten, sondern steht auch im Austausch mit anderen Fahrzeugen.[275] Je nachdem wie weit die Automatisierung fortgeschritten ist, können weitere Daten entnommen werden. Angenommen das Fahrzeug ist nicht vollständig automatisiert, sondern der Computer würde das Fahrzeug nur auf Autobahnen übernehmen, können weitere Aussagen über den Fahrer getroffen werden. Beispielsweise wie schnell der Fahrer reagiert, wenn die Kontrolle über das Fahrzeug zurückerhalten werden muss, oder ob gar nicht reagiert wird. Diese Aussagen würden ebenfalls bei der Weiterentwicklung der Reaktionszeiten des Autos helfen, aber auch zur Bewertung von Längsschnittstudien.[276]

---

[272] Vgl. *Dudenhöffer, F.*, Kurve, 2016, S. 148.
[273] Vgl. ebd.
[274] Vgl. *Reinheimer, S.*, Cloud, 2018, S. 5.
[275] Vgl. *Dudenhöffer, F.*, Kurve, 2016, S. 149.
[276] Vgl. *Rannenberg, K.*, Daten, 2015, S. 519.

Das Autonome Fahren kann das Sammeln von Daten unterstützen. Über Navigationssysteme kann analysiert werden, welche Reiseziele der Nutzer hat und ob es wiederkehrende Muster gibt. Über die Einstellungen der Routenplanung kann die Aussage getroffen werden, ob der Nutzer landschaftliche Routen, die zu Umwegen führen, präferiert oder lieber die schnellere Autobahn nimmt. Das Aufzeichnen der Fahrgeschwindigkeit kann außerdem für verschiedene Interessensgruppen wie Versicherungen oder Gerichte von Nutzen sein, um auf den Fahrstil des Nutzers zu schließen.[277]

In Art. 4 Abs. 1 der Datenschutz-Grundverordnung (DSGVO) sind persönliche Daten „alle Informationen, die sich auf eine identifizierte oder identifizierbare natürliche Person beziehen" (Art. 4 Abs. 1 DSGVO). Nicht alle Informationen lassen sich zunächst als persönliche Daten identifizieren, allerdings kann nicht gewährleistet werden, dass die Daten nicht doch Schlussfolgerungen zu einer bestimmten Person zulassen oder anderweitig Missbrauch ermöglichen.[278] Hierzu zählen auch die technischen Daten eines Fahrzeugs. Bei einer Überprüfung wäre es denkbar, über diese Daten beispielsweise festzustellen, ob der Fahrer in einer Unfallsituation hätte eingreifen müssen oder nicht.[279] Demzufolge ist es notwendig, dass personenbezogene Daten nicht gespeichert werden, wenn der Besitzer darüber nicht in Kenntnis gesetzt ist.[280] Die Weiterverarbeitung dieser Daten muss nicht in naher Zukunft erfolgen; ein Missbrauch kann auch später stattfinden. Anhand einer Auswertung der gespeicherten Daten ist es Dritten möglich, Rückschlüsse auf die Lebensumstände des Fahrers zu ziehen.[281] Umso notwendiger ist es, dass die Daten von einer vertrauensvollen Organisation verwaltet werden. Es wird jedoch immer Institutionen geben, die darauf bauen, dass persönliche Daten nicht im Auto verbleiben, sondern weitergegeben werden. Hierzu zählen unter anderem die Strafverfolgungsbehörden.[282] Durch die ständige Erfassung der Daten kann das Fahrzeug zum Zeugen werden – auch außerhalb des Straßenverkehrsrechts.[283] Des Weiteren haben

---

[277] Vgl. *Rannenberg, K.*, Daten, 2015, S. 517.
[278] Vgl. *Rannenberg, K.*, Daten, 2015, S. 518.
[279] Vgl. *Forgó, N.*, Datenschutz, 2017, S. 161-162.
[280] Vgl. *Dudenhöffer, F.*, Kurve, 2016, S. 151.
[281] Vgl. *Terliesner, S.*, Lenkrad, 2017, S. 43.
[282] Vgl. *Rannenberg, K.*, Daten, 2015, S. 521-522.
[283] Vgl. *Forgó, N.*, Datenschutz, 2017, S. 158-159.

Unternehmen wie Google ein großes Interesse an den Daten, um diese kommerziell zu nutzen.[284]

Aber auch für andere Personen ist die Weitergabe von Daten interessant. Das können unter anderem „Fahrzeughersteller, Versicherungsdienstleister, Flottenbetreiber, staatlich autorisierte Parteien, andere Verkehrsteilnehmer oder andere autonome Fahrzeuge und Verkehrszentralen" sein.[285] Die Weitergabe der Daten muss nicht immer von Nachteil für den Fahrer sein. Beispielsweise können Versicherungen genau zugeschnittene Tarife anbieten, bei denen die Informationen des Fahrers berücksichtigt werden. Fahrer, die durchdacht und sorgfältig fahren, können somit bei den Versicherungsbeiträgen sparen. Eine rasante Fahrweise ist für die Versicherungen unattraktiv, da das Risiko für einen Unfallschaden höher ist. Ohne Daten ist es jedoch schwierig, die Fahrer vor dem Vertragsabschluss in eine Kategorie einzuteilen.[286] Aufgrund dessen gibt es bei Versicherungen sogenannte Telematiktarife. Mit Hilfe einer Black-Box oder einer Smartphone App können über Sensoren die Geschwindigkeit, die Beschleunigung und das Bremsverhalten aufgezeichnet und ausgewertet werden, um dem Fahrer eventuell einen Preisnachlass geben zu können.[287]

Wie in den meisten Bereichen gibt es auch bei den personenbezogenen Daten Situationen, in denen Ausnahmen vom Datenschutz gemacht werden sollten. So etwa bei Unfällen, bei denen es für Retter und Ärzte notwendig ist, die Standort-Daten zu kennen. Die Weitergabe der Daten ist aber auch bei solch einer Ausnahme mit Vorsicht zu betrachten.[288] Ein Beispiel hierfür ist das europäische eCall-System, das sich selber aktiviert, wenn das Auto in einen schweren Unfall verwickelt ist. Auch eine manuelle Auslösung ist möglich, wenn der Fahrer, Beifahrer oder Zeugen den SOS-Knopf betätigen. Das System sendet dann, zusammen mit den vorhandenen Daten wie Uhrzeit, Position und Fahrtrichtung, einen Hilferuf an die Notrufzentrale.[289] Würden diese Daten nun auch an Werkstätten

---

[284] Vgl. *Dudenhöffer, F.*, Kurve, 2016, S. 150-151.
[285] Vgl. *Rannenberg, K.*, Daten, 2015, S. 522.
[286] Vgl. *Dudenhöffer, F.*, Kurve, 2016, S. 152.
[287] Vgl. HUK-COBURG-Allgemeine Versicherung AG, Telematik, o. J., o. S.
[288] Vgl. *Dudenhöffer, F.*, Kurve, 2016, S. 152.
[289] Vgl. *Rannenberg, K.*, Daten, 2015, S. 517-518.

oder Abschleppdienste weitergegeben, könnten die ersten Angebote für die Unfallbeteiligten eintreffen, noch bevor der Notarzt da ist.[290]

Grundsätzlich wird eine neue Datenethik benötigt, in der klar definierte Regeln für die Nutzung, den Austausch und den Datenschutz festgelegt werden. Um die Einhaltung gewährleisten zu können, müssen Behörden geschaffen werden, die sich auf die Thematik spezialisieren.[291] Damit Autonomes Fahren erfolgreich eingeführt werden kann, ist es von großer Bedeutung, dass die Kunden den Herstellern Vertrauen bei dem Umgang mit ihren Daten entgegenbringen. Um dieses Ziel zu erreichen, haben die Autohersteller bislang drei Prinzipien erschaffen:[292] Transparenz soll dem Kunden ermöglichen zu erfahren, was mit seinen Daten passiert. Der Kunde kann Einstellungen vornehmen, sodass bestimmte Daten nicht gespeichert werden. Sollten die Daten bereits gespeichert worden sein, ist es möglich, diese nachträglich zu löschen. Das nächste Prinzip soll dem Kunden ermöglichen, dass nur Daten weitergegeben werden, wenn eine gesetzliche oder vertragliche Einwilligung abgegeben wurde. Zudem ist es möglich, dieser Einwilligung zu widersprechen. Als letztes soll den Kunden durch permanente Updates der IT-Systeme Schutz gewährleistet sein. Ob diese Prinzipien wirklich eingehalten werden und den Ansprüchen genügen, wird sich in der Zukunft zeigen.[293]

4.4 Sicherheitsaspekte und Schutz gegen Manipulation

Im Jahr 2013 haben Charlie Miller und Chris Valasek in einem Experiment für die Auto-Hacking Forschung den Ford Escape und den Toyota Prius gehackt. Während der Journalist Andy Greenberg auf der US-Interstate 64 am Steuer saß, befanden sich die Hacker mit einem Laptop auf dem Rücksitz. Um einen realitätsnahen Hackerangriff zu simulieren, wurden die Bremsen deaktiviert, die Hupe benutzt und dem Lenkrad Befehle gegeben. Dabei war der Laptop mit dem Fahrzeugdiagnosesystem On-Board Diagnose verbunden. Bei einem erneuten Experiment zwei Jahre später, konnte ein Jeep Cherokee bereits kabellos aus der Ferne gehackt werden: Greenberg wurde vor der Fahrt aufgeklärt, dass etwas passieren kann, aber was passieren würde, war ihm nicht bekannt. Auf der Fahrt blies dann plötzlich die Klimaanlage auf maximaler Stärke kalte Luft

---

[290] Vgl. Dudenhöffer, F., Kurve, 2016, S. 152.
[291] Vgl. Dudenhöffer, F., Kurve, 2016, S. 150-153.
[292] Vgl. Herrmann, A., Brenner, W., Revolution, 2018, S. 144.
[293] Vgl. ebd.

in sein Gesicht, das Radio spielte laut Musik und die Scheibenwischer betätigten sich wie von selbst. Während Greenberg noch versuchte, die Kontrolle über die Situation zu erlangen, tauchte ein Bild der Hacker auf dem Display auf. Dann reagierte das Gaspedal nicht mehr und die Geschwindigkeit des Jeeps verringerte sich mitten auf dem Highway.

Miller und Valasek befanden sich derweil zehn Meilen entfernt in einem Haus. Für das Eingreifen benötigten sie kein außergewöhnliches Equipment. Ein Laptop mit Internetzugang reichte aus, um die Sicherheitslücke des Infotainmentsystem auszunutzen.[294] Das Infotainmentsystem ist ein Kombiinstrument, das in vielen modernen Fahrzeugen verbaut ist und über das fast alle Funktionen des Fahrzeugs wie das Autoradio, Navigationssystem und Telefon bedient werden können. Über dieses System gelang es den Hackern auf das Fahrzeug zuzugreifen und es zu steuern. Durch das Experiment veranschaulichten die Hacker, welche Risiken die modernen Fahrzeuge mit sich bringen und an welchen Defiziten die Entwickler arbeiten müssen.[295]

Seitdem moderne Fahrzeuge mit dem Internet kommunizieren, steigen die Gefahren für Autofahrer. Über Clouds besteht die Möglichkeit, dass Computerviren oder Schadsoftware versendet werden und in die Sicherheitslücken der Autosoftware eindringen.[296] Das eben beschriebene Experiment zeigt, was während einer Fahrt passieren kann.[297] Den potenziellen Angreifern werden hier viele verschiedene Optionen offengehalten. Entführung und damit verbundene Erpressung, Mord und Terroranschläge wären denkbare Ereignisse. Der Aufwand von Hackern scheint zudem nicht groß, denn diese können von jedem Standort auf der Welt auf ein Fahrzeug zugreifen.[298] Cybercrime gilt als eine der größten Gefahren für das Autonome Fahren.[299]

Eine weitere Problematik des Cybercrime besteht darin, dass im digitalen Zeitalter die Fähigkeiten und Ressourcen eines Hackers käuflich sind. Kriminelle können im Dark Web aus einem großen Angebot von Black Hat Hackern mit einem breiten Leistungsspektrum wählen, um die notwendigen Tätigkeiten

---

[294] Vgl. *Greenberg, A.*, Hacker, 2015, o. S.
[295] Vgl. *Dudenhöffer, F.*, Kurve, 2016, S. 154-155.
[296] Vgl. *Dudenhöffer, F.*, Kurve, 2016, S. 155.
[297] Vgl. *ADAC e. V.*, Gefahr, 2019, o. S.
[298] Vgl. *Miao, C. et al.*, Route, 2018, S. 367; *Jafarnejad, S. et al.*, Connectivity, 2015, o. S.
[299] Vgl. *Parkinson, S. et al.*, Threats, 2017, S. 2912-2915.

durchführen zu lassen.[300] Dem sind nur wenige Grenzen gesetzt. Manche Anbieter bieten eine Geld-zurück-Garantie oder Supportleistungen für die angebotenen Dienstleistungen an. Viele Cyberkriminelle vertrauen darauf, dass das Dark Web ein anonymer Ort bleibt und somit wächst der Markt immer mehr.[301]

Bevor autonome Fahrzeuge auf dem Markt erhältlich sind, ist zu klären, wie mit möglichen Sicherheitslücken umgegangen werden kann und welche Pflichten in diesem Zusammenhang dem Fahrzeughalter und welche dem Hersteller zufallen.

Um Cybercrime zu reduzieren, gibt es viele Gesetze und Strafmaßnahmen, die hohe Kosten verursachen. Doch wie in vielen anderen Bereichen sollte der Kampf gegen Cybercrime bereits bei der Entstehung beginnen. Während die Autoentwickler sich früher nur mit der Mechanik auseinandersetzen mussten, gehört heute die Informationstechnik ebenso dazu. Software-Updates sind aufgrund immer neuer Sicherheitslücken, Viren und Malware elementar, um die Fahrzeuge gegen Angriffe von außen sicher zu machen. Die meisten Software-Updates müssen per Kabel in der Werkstatt aufgespielt werden. Tesla gilt als Vorreiter, dessen Updates per Internet aufgespielt werden können. Auch hier ziehen andere Autohersteller nach. Der Kunde kann sich dabei jedoch nicht sicher sein, ob das Software-Update richtig aufgespielt wurde.[302]

Aufgrund von Kriminalität und der Weiterentwicklung der Technologie wird das Autonome Fahren niemals völlig gefahrlos sein.[303] Die Risiken können nur reduziert werden, indem Hersteller permanent an ihren Sicherheitslücken arbeiten und regelmäßige Software-Updates bereitstellen, die direkt bei dem Kunden aufgespielt werden. Der Fahrzeughalter kann selbst nicht viel zur Sicherheit beitragen und muss dem Hersteller vertrauen. Es ist vor dem Erwerb eines Fahrzeugs daher von Vorteil, wenn potenzielle Käufer sich informieren, wie Sicherheitslücken verhindert und behoben werden.[304] Der Halter sollte sich daher

---

[300] Vgl. *Siegenheim, V.*, Geschäftsmodell, 2015, o. S.; *Brown, C.*, White, 2015, S. 1-3.
[301] Vgl. *Farooqi, S. et al.*, Marketplaces, 2017, S. 17.
[302] Vgl. *Peter, J.*, Software, 2018, o. S.
[303] Vgl. *Potor, M.*, Gewartet, 2017, o. S.
[304] Vgl. *Stockburger, C.*, Herstellern, 2016, o. S.

im Klaren sein, dass das autonome Fahrzeug wohl immer über Schwachstellen verfügen wird.[305]

---

[305] Vgl. *Bullwinkel, I.*, Freiheit, 2017, o. S.; Eine umfangreiche Darstellung der vorhandenen Wissens-lücken und Schwachstellen findet sich auch bei *Parkinson, S. et al.*, Threats, 2017, Tabelle 1, S. 2913.

5 Gesellschaftliche Herausforderungen durch die großflächige Einführung von autonomen Fahrzeugen

Das Autonome Fahren wird nicht nur auf ethische und technische Bereiche Auswirkungen haben. Mit dem abschließenden Kapitel soll verdeutlicht werden, wie wichtig es ist, auch andere gesellschaftliche Bereiche wie den Arbeitsmarkt zu betrachten. Durch das Autonome Fahren werden zwar viele Arbeitsplätze abgeschafft, aber es kommen auch neue dazu (5.1). Im Abschnitt „Akzeptanz in der Gesellschaft" (5.2) soll noch einmal besonders darauf hingewiesen werden, dass ohne das Vertrauen der Nutzer eine Einführung nur schwer möglich ist. Das letzte Kapitel, „Rechtliches" (5.3), beleuchtet vor allem die gesetzlichen Rahmenbedingungen hinsichtlich ethischer Aspekte und schließt damit den begonnenen Kreis.

5.1 Arbeitsmarktentwicklung

Autonomes Fahren bekommt eine immer größere Bedeutung, die auch auf dem Arbeitsmarkt wahrzunehmen ist. Die Stellenausschreibungen der Unternehmen zu Fachgebieten wie Fahrerassistenzsystemen und Softwareentwicklung nehmen zu.[306]

Laut einer Studie des Instituts für Arbeitsmarkt- und Berufsforschung (IAB) und des Bundesinstituts für Berufsbildung (BIBB) wird es in den kommenden Jahren einen signifikanten Wechsel in den aktuellen Berufsbildern geben. Es soll ein starker Abbau von Arbeitsplätzen stattfinden.[307] Maschinen werden immer mehr Aufgaben übernehmen, vor allem im Bereich des Autonomen Fahrens.[308] Die Möglichkeit besteht, dass viele LKW-Fahrer im Jahr 2030 nicht mehr gebraucht werden, da Roboter das Bremsen, Lenken und Kolonnefahren übernehmen können. Um die Leidtragenden nicht vor vollendete Tatsachen zu stellen, soll ein Beirat aus Branchenvertretern, Gewerkschaften, Herstellern und Regierungsvertretern den Übergang erleichtern.[309] Die Maschinen könnten

---

[306] Vgl. *Walter, G.*, Geschäft, 2017, o. S.
[307] Vgl. *Zika, G. et al.*, Arbeitsmarkt, 2018, S. 1.
[308] Vgl. *Masuhr, J.*, Job, 2017, o. S.
[309] Vgl. *Mortsiefer, H.*, Bedrohung, 2017, o. S.

aber nicht nur LKW-Fahrer ersetzen, sondern auch Busfahrer, Taxifahrer oder andere Personen, die beruflich Fahrzeuge steuern.[310]

Autonomes Fahren wird dabei nicht nur Nachteile für die Menschheit mit sich bringen, sondern kann für viele auch eine Chance bedeuten. Umso mobiler Menschen sind, desto besser stehen die Chancen, einen Job zu finden.[311] Der Studie des IAB und des BIBB zufolge werden neben den Entlassungen auch ebenso viele neue Arbeitsmöglichkeiten durch die Digitalisierung entstehen.[312] Studien wie die der Harvard University zeigen, dass Menschen mit Zugang zu einer hohen Mobilität, wie z. B. dem eigenen Kraftfahrzeug oder den öffentlichen Verkehrsmitteln, über deutlich bessere Chancen verfügen, der Armut zu entkommen. Viele Städte dienen dieser Studie als Beispiel, wie auch das Geschäftsviertel Santa Fe in Mexico City. Santa Fe ist eine aufstrebende Metropole, die alles hat – bis auf eine funktionierende Infrastruktur. Es fehlt der komplette öffentliche Nahverkehr wie mit Bus und Bahn, ebenso bezahlbarer Wohnraum in der Region. Die Mitarbeiter müssen mit dem Auto in diesen Teil der Stadt pendeln und dabei lange Wartezeiten in Kauf nehmen. Aus diesem Grund haben Städteplaner und Verkehrsbetriebe Vorschläge unterbreitet, wie der Verkehr in Santa Fe zu den Stoßzeiten besser fließen kann. So bieten nun viele Unternehmen flexiblere Arbeitszeiten an. Intelligente Parkhäuser sollen den Autofahrern anzeigen, wo der nächste freie Stellplatz vorhanden ist. Um das Problem aber wirklich zu lösen, sollen zentral gesteuerte Autos die Lösung sein. Das würde Unfälle, Staus und Stress vermeiden.[313]

Das Autonome Fahren nimmt somit nicht nur Arbeitsplätze weg, sondern schafft neue Positionen und ermöglicht es manchen Menschen, überhaupt einen Job annehmen zu können oder einen besser qualifizierten Job in einer anderen Region ausführen zu können.

5.2 Akzeptanz in der Gesellschaft

Die Akzeptanz der Gesellschaft spielt eine elementare Rolle bei technischen Neuheiten, denn nicht nur die rechtlichen und technischen Aspekte sind von entscheidender Bedeutung, sondern auch der Nutzen, die Perspektive und die

---

[310] Vgl. *Kaute, F.*, Austausch, 2017, o. S.
[311] Vgl. *Herrmann, A., Brenner, W.*, Revolution, 2018, S. 286.
[312] Vgl. *Zika, G. et al.*, Arbeitsmarkt, 2018, S. 1-2.
[313] Vgl. *Herrmann, A., Brenner, W.*, Revolution, 2018, S. 286-288.

Potenziale für den Menschen.[314] Eine Umstellung auf das Autonome Fahren bringt daher die Herausforderung mit sich, die Menschen von autonomen Fahrzeugen zu überzeugen, damit diese in den Alltag integriert werden.[315] Die Akzeptanz bezieht sich dabei nicht nur auf einen möglichen Kauf eines solchen Fahrzeugs, sondern umfasst auch die generelle Nutzung sowie die Änderungen auf das Verkehrssystem.[316]

Eine Studie des Center of Automotive Management hat herausgefunden, dass für die Generation im Alter zwischen 18 und 25 Jahren das Auto von geringerer Bedeutung ist als für ältere Generationen.[317] Umso größer die Städte sind und je mehr alternative Transportmittel angeboten werden, desto größer ist der Rückgang der Relevanz. Das kann viele Ursachen haben, z. B. dass junge Leute sich häufig kein eigenes Auto leisten möchten, da die Prioritäten auf einer Urlaubsreise oder einer größeren Wohnung liegen. Für diese Menschen wird das Auto vom Statussymbol zum Gebrauchsgut. Das Ausweichen auf Carsharing, Mitfahrgelegenheiten und Bus oder Bahn ist daher keine Seltenheit.[318]

Carsharing mit autonomen Fahrzeugen würde hier neue Möglichkeiten für Verfügbarkeit und Effizienz eröffnen. Der Nutzer wäre nicht gezwungen, sich ein Fahrzeug zu leihen, sondern könnte es wie ein Taxi nutzen. Der mit dem Verleih eines Fahrzeugs verbundene Aufwand entfällt. Das Auto muss nicht abgeholt und zurückgebracht werden. Zusätzlich entfällt auch die Suche nach einem Parkplatz. Mit den autonomen Fahrzeugen im Carsharing würde sich der Nutzer einfach zu Hause abholen lassen und zum gewünschten Ort gebracht werden. Das Fahrzeug bedient dann selbstständig den nächsten Nutzer oder sucht sich einen geeigneten Parkplatz und wartet dort auf die folgende Tour.[319]

Wenn es dem Menschen so leichtgemacht wird, sich überall und jederzeit abholen zu lassen, könnte sich das aber auch nachteilig auf die Gesellschaft auswirken. Die Menschen würden sich weniger bewegen, denn für jede noch so kurze Strecke könnte man sich problemlos abholen lassen, anstatt den Weg zu Fuß zu

---

[314] Vgl. *Fraedrich, E., Lenz, B.*, Akzeptanz, 2015, S. 640-641.
[315] Vgl. *Avci, Ü., Gulbahar, Y.*, Technology, 2013, S. 105-106.
[316] Vgl. *Fraedrich, E., Lenz, B.*, Akzeptanz, 2015, S. 640.
[317] Vgl. *Center of Automotive Management*, Generation, 2018, S. 1
[318] Vgl. *Center of Automotive Management*, Generation, 2018, S. 1;. *Center of Automotive Management*, Generation, 2018, S. 3
[319] Vgl. *Minx, E., Dietrich, R.*, Fahren, 2015, S. 155-156.

bestreiten und sich körperlich zu betätigen.[320] Bereits heute ist der Bewegungsmangel schon weit verbreitet und hat negative Auswirkungen auf die gesamtgesellschaftliche Gesundheit. Nicht nur körperliche Krankheiten wie Herz-Kreislauf-Erkrankungen oder Diabetes, sondern auch psychische Erkrankungen können die Folge sein.[321]

Für das Buch „Autonomes Fahren" haben die Autoren eine Befragung zu diesem Thema durchgeführt. Eva Fraedrich vom Geographischen Institut der Humboldt-Universität zu Berlin und Barbara Lenz vom Deutschen Zentrum für Luft- und Raumfahrt e.V. und vom Institut für Verkehrsforschung haben in dieser Erhebung mit 1000 Personen die Wahrnehmung und Bewertung des Autonomen Fahrens analysiert. Dabei wurde ersichtlich, dass 57 Prozent der Befragten zwar Interesse an der Thematik haben, das Grundwissen darüber bei 44 Prozent aber gar nicht vorhanden ist. Nur 4 Prozent sagten aus, dass sie gut informiert seien. Je mehr Aufgaben das autonome Fahrzeug selbst übernimmt, bzw. je weniger der Fahrer eingreifen kann, umso größer war die Ablehnung gegenüber der Technologie bei den Befragten. Die forschungsleitende Frage war, ob der Mensch das Autonome Fahren ablehnt, weil er zu wenige Informationen über die Technologie besitzt. Nach einer umfassenden inhaltlichen Einführung in die Thematik könnte theoretisch festgestellt werden, ob die Akzeptanz dadurch steigt.[322] Denn nur, wenn die Gesellschaft das Autonome Fahren anerkennt, kann diese technische Neuerung Erfolg haben.

Zu diesem Thema wurden im Rahmen eines anderen Forschungsprojektes drei Gruppendiskussionen durchgeführt.[323] Die Teilnehmer waren zwischen 20 und 50 Jahren alt und besaßen alle einen höheren Bildungsabschluss oder konnten einem akademischen Bereich zugeordnet werden. Ihnen wurden zwei Fahrzeuge vorgestellt. Zum einen gab es ein selbstfahrendes Fahrzeug, in das eigenständig nicht mehr eingegriffen werden konnte. Das andere Fahrzeug konnte auf Wunsch des Fahrers das Fahren übernehmen und der Fahrer für diese Zeit anderen Tätigkeiten nachgehen,[324] wie etwa der Organisation von privaten Terminen. Diese Situation wurde in den Gruppen diskutiert. Die Befürchtung der

---

[320] Vgl. *Minx, E., Dietrich, R.*, Fahren, 2015, S. 161.
[321] Vgl. *Guthold, R. et al.*, Activity, 2018, S. E1077.
[322] Vgl. *Fraedrich, E., Lenz, B.*, Mitfahren, 2015, S. 693.
[323] Vgl. *Fraedrich, E., Lenz, B.*, Mitfahren, 2015, S. 699-700.
[324] Vgl. ebd.

Teilnehmer lag vor allem darin, dass das Arbeits- und Privatleben nicht mehr richtig voneinander getrennt werden könnten. Bevor die Arbeit im Büro begänne, könnte der Passagier bereits E-Mails beantworten oder Telefonate führen.[325]

Durch die Vermischung von Arbeits- und Privatleben entsteht das Risiko der Überarbeitung, was wiederum eine Gesundheitsgefährdung darstellt.[326] Auch bei Erkrankungen wie z. B. Erkältungen oder Infekten würde die Möglichkeit bestehen, dass der Mensch sich nicht ausruht und erholt. Trotz Unwohlsein oder Fahruntüchtigkeit durch die Einnahme von Medikamenten, würde die Chance bestehen, jeden Ort zu erreichen.

Ein weiterer Diskussionspunkt ergab sich aus der Technologie selbst. Während der Mensch heute beim Fahren für sich verantwortlich ist und selbst agiert, muss beim Autonomen Fahren das Vertrauen in die Technik gelegt werden. Der Mensch muss seine Kontrolle abgeben und kann nicht mehr spontan handeln oder eingreifen.[327]

Grundsätzlich haben die Teilnehmer die Befürchtung, dass der Mensch einige negative Konsequenzen durch das Autonome Fahren erleben könnte. Der Spaß, den einige beim Autofahren verspüren, würde abnehmen. Gleichzeitig könnte der Mensch träge werden, da die kürzesten Entfernungen ohne großen Aufwand erreicht werden. Durch die Übernahme von einfachsten Alltagsaufgaben, könnte der Mensch das Gefühl erhalten, immer mehr durch eine Maschine ersetzt zu werden.[328]

In einer Studie der DHBW Ravensburg haben die Forscher Ende 2018 ähnliche Ergebnisse zur Akzeptanz sammeln können. Das Interesse am Autonomen Fahren ist vorhanden, aber das fehlende Vertrauen in die Technik war auch hier bei 67 Prozent der Befragten deutlich sichtbar. Zudem hatten 63 Prozent der 500 Befragten Angst vor Manipulationen und 61 Prozent die Befürchtung, von der Technik überwacht zu werden. Das sind genau die aufgeführten Punkte und

---

[325] Vgl. *Fraedrich, E., Lenz, B.*, Mitfahren, 2015, S. 701-702.
[326] Vgl. *Minx, E., Dietrich, R.*, Fahren, 2015, S. 159-160.
[327] Vgl. *Fraedrich, E., Lenz, B.*, Mitfahren, 2015, S. 702.
[328] Vgl. *Fraedrich, E., Lenz, B.*, Mitfahren, 2015, S. 703.

Defizite in den Kapiteln der vorliegenden Arbeit, die dringend von der Industrie adressiert werden sollten.[329]

Insgesamt kann gesagt werden, dass der Mensch die neue Technik nicht ablehnt. Dennoch ist eine Zwiespältigkeit gegen das Autonome Fahren vorhanden, die sich aus fehlendem Wissen und Vertrauen speist, sowie der Befürchtung, die mit dem Autofahren assoziierte Freiheit zu verlieren.[330] Um den Menschen die Zweifel zu nehmen und die Akzeptanz des Autonomen Fahrens in der Gesellschaft zu verbessern, muss noch einiges vermittelt und entwickelt werden. Vielen fehlt noch die Vorstellungskraft, um zu verstehen, was mit der Technologie alles möglich ist und was passiert, wenn Defizite im System vorhanden sind.[331]

Weiterhin könnte die Akzeptanz und das Vertrauen der Gesellschaft durch Transparenz gestärkt werden. Eine Studie des TÜV Rheinlands aus dem Jahr 2017 fand anhand einer Befragung heraus, dass die Menschen sich einen unabhängigen Dienstleister wünschen, der die Fahrzeuge technisch prüft und aufzeigt, welche Daten gesammelt werden und wie die Weiterverarbeitung aussieht.[332]

Durch die Medien wird das Autonome Fahren zwar immer wieder behandelt, doch wirkliche Berührungspunkte haben damit erst wenige Menschen. Um diesen entgegenzuwirken, könnten speziell bei Umfragen Videos eingesetzt werden, um ein besseres Bild vermitteln zu können.[333] Das Marketing der Hersteller sollte darauf abzielen, dem potenziellen Kunden vorhandene Ängste zu nehmen. Dies kann über virtuelle Plattformen oder Teststrecken erfolgen.[334] Häuslschmid et al. stellten darüber hinaus fest, dass eine Visualisierung des Autopiloten dazu beitragen kann, Vertrauen in das autonom fahrende Auto aufzubauen. Mithilfe eines menschenähnlichen Chauffeur-Avatars konnte in dem Versuchsaufbau das Vertrauen erhöht werden.[335] Weitere Forschung in dieser Hinsicht ist notwendig.

---

[329] Vgl. Duale Hochschule Baden-Württemberg, Skepsis, 2018, o. S.
[330] Vgl. *Minx, E., Dietrich, R.*, Fahren, 2015, S. 172.
[331] Vgl. *Minx, E., Dietrich, R.*, Fahren, 2015, S. 162.
[332] Vgl. *TÜV Rheinland AG*, Mehrheit, o. J., o. S.
[333] Vgl. *Minx, E., Dietrich, R.*, Fahren, 2015, S. 173.
[334] Vgl. Duale Hochschule Baden-Württemberg, Skepsis, 2018, o. S.
[335] Vgl. *Häuslschmid, R. et al.*, Trust, 2017, S. 319-329.

Autonomes Fahren sollte, wie jede andere Umstellung in der Gesellschaft, schrittweise eingeführt werden, um die Akzeptanz zu erhöhen und den Menschen die Sicherheit und Zeit zu geben, die benötigt wird, um die positiven Veränderungen zu erkennen. Mit so einem Ablauf können die noch unbeantworteten Fragen für jeden einzelnen geklärt werden.[336]

Konkrete potentielle Entgegnungen auf die „psychologischen Herausforderungen" an die Gesellschaft haben Shariff et al. zusammengetragen.[337] Folgende Maßnahmen könnten demnach ergriffen werden:[338] Die Verschiebung der Diskussion weg vom relativen Verletzungsrisiko hin zum absoluten Risiko; der Appell an den Wunsch der Fahrenden, bestimmte Werte demonstrativ nach außen zu zeigen; die mentale Vorbereitung darauf, dass Unfälle unvermeidlich sind; die Verbreitung von Informationen über das tatsächliche Risiko (statt Angst); die Ermittlung dessen, was für die Verbrauchenden nützlich ist, um Vertrauen zu den autonomen Fahrzeugen zu fassen.

5.3 Rechtliches

Damit autonome Fahrzeuge in den Straßenverkehr dürfen, müssen die rechtlichen Rahmenbedingungen berücksichtigt und entsprechend überarbeitet werden.[339] Damit die Gesetzeslage ihren Zweck erfüllt, sollte diese international Gültigkeit haben. Dabei darf eine Berücksichtigung der unterschiedlichen Regelungen verschiedener Länder nicht außer Acht gelassen werden, damit diese nicht in Konflikt zueinanderstehen. Das wird vor allem auch dadurch deutlich, dass in manchen Gesetzen noch von Pferdefuhrwerken die Rede ist und an das teilautonome bzw. vollautonome Fahren noch nicht gedacht wird. Die Rolle des Fahrers hat sich in den Jahren so verändert, dass die technischen Neuerungen eine Anpassung der Straßenverkehrsregeln notwendig machen. Je allgegenwärtiger das Autonome Fahren wird, desto wichtiger ist eine Aktualisierung der Gesetze.[340] Auch in Deutschland erweist sich das Eingehen auf offene Fragen als problematisch, da das Autonome Fahren viele Teilgebiete des Rechtssystems

---

[336] Vgl. *Avci, Ü., Gulbahar, Y.*, Technology, 2013, S. 93-107; *Fraedrich, E., Lenz, B.*, Akzeptanz, 2015, S. 654-656.
[337] Vgl. *Shariff, A. et al.*, Roadblocks, 2017, S. 694.
[338] Vgl. ebd.
[339] Vgl. *Carp, J. A.*, Regulation, 2018, S. 85.
[340] Vgl. *Hartmann, V.*, Haftung, 2018, S. 182; *von Ungern-Sternberg, A.*, Völker, 2017, S. 304-305.

berührt.³⁴¹ Darüber hinaus hat sich Deutschland dem „Wiener Übereinkommen über den Straßenverkehr" (BGBl. 1977 II: S. 809 & S. 811) angeschlossen, das im Jahre 1968 eingeführt wurde und dem aktuell weitere 77 Länder angehören.³⁴² Dieser Vertrag soll das Zulassungs- und Verhaltensrecht regeln³⁴³ und dadurch zu mehr Sicherheit im Straßenverkehr verhelfen.³⁴⁴ Unter anderem besagt der Artikel 8 Absatz 5: „Jeder Führer muss dauernd sein Fahrzeug beherrschen oder seine Tiere führen können" (Art. 8 Abs. 5 StVÜbk). Seit einer Änderung im März 2016 ist es zulässig, dass Fahrerassistenzsysteme verwendet werden dürfen, wenn diese den Vorschriften der Wirtschaftskommission für Europa der Vereinten Nationen (UN-ECE) entsprechen oder vom Fahrer übersteuert bzw. abgeschaltet werden können.³⁴⁵ Demnach sind Fahrzeuge ab der bedingten Automatisierung (Level 3) nicht konform, da die UN-ECE-Regeln besagen, dass Fahrzeuge eine automatische Lenkfunktion nur bis 12 km/h verwenden dürfen.³⁴⁶ Das bedeutet außerdem in Bezug auf das Autonome Fahren, dass eine vollkommen autonome Fahrt, bei der der Mensch nur noch als Passagier fungiert, nicht zulässig ist. Es würde jedoch nicht ausreichen, wenn die Regelung so modifiziert werden würde, dass Autonomes Fahren erlaubt ist. Vielmehr müssten zudem die aufkommenden rechtlichen Fragen beantwortet werden, die sich durch die neuen Szenarien ergeben.³⁴⁷ Diese entstehen in vielen verschiedenen Rechtsgebieten wie unter anderem der Rechtsordnung, dem Verfassungsrecht, dem Haftungsrecht, dem Zulassungsrecht aber auch bei Fragen zum Datenschutz.³⁴⁸

Auch die ethischen Grundsatzentscheidungen dürfen im Recht nicht außen vorgelassen werden. Das betrifft insbesondere die bereits vorgestellten Dilemma-Situationen. Hier ist es nicht nur wichtig zu regeln, wie das Fahrzeug in einer unausweichlichen Unfallsituation handeln soll, sondern auch, wer hierfür als schuldig angesehen wird bzw. wer haftet. Eine Lösung hierzu ist in jedem Fall unumgänglich, da quasi bereits bei der Programmierung entscheidend ist, ob

---

[341] Vgl. *Hartmann, V.*, Haftung, 2018, S. 182.
[342] Vgl. *United Nations Treaty Collection*, Transport, o. J., o. S.
[343] Vgl. *Hartmann, V.*, Haftung, 2018, S. 183.
[344] Vgl. *Lohmann, M. F.*, Barriere, 2015, S. 137.
[345] Vgl. *Hartmann, V.*, Haftung, 2018, S. 183.
[346] Vgl. *Bartels, A. et al.*, Querführungsassistenz, 2015, S. 940.
[347] Vgl. *Dudenhöffer, F.*, Kurve, 2016, S. 141.
[348] Vgl. ebd.

die Entwickler eine Straftat wegen vorsätzlicher Tötung begehen.[349] Zu den Haftungsproblematiken eine Lösung zu finden ist überaus komplex.[350] Weiterhin muss es der Technik überhaupt möglich sein, dass eine Dokumentation solcher Informationen erfolgt.[351]

Wenn in der Zukunft nicht mehr der Mensch als Fahrer die Verantwortung trägt, sondern das autonome Fahrzeug, das eigenständig entscheidet, wird es signifikante Herausforderungen im Rechtssystem zu lösen geben. Die Rahmenbedingungen sollten auch berücksichtigen, dass die Gesellschaft ohne die Angst vor einer möglichen Straftat das Autonome Fahren nutzen kann.[352]

---

[349] Vgl. *Beck, S.*, Rechtssystem, 2018, o. S.
[350] Vgl. *Faure, M. G. et al.*, Risks, 2016, S. 198.
[351] Vgl. *Knight, W.*, Undurchschaubar, 2016, o. S.
[352] Vgl. *Beck, S.*, Rechtssystem, 2018, o. S.

6 Fazit

Das Thema der vorliegenden Arbeit waren die Herausforderungen, die im Vorfeld einer flächendeckenden Einführung autonomer Fahrzeuge zu bewältigen sind, und darüber hinaus die Probleme, die durch die Einführung entstehen können. Die forschungsleitende Frage lautet: Welche Herausforderungen sind durch die großflächige Einführung von autonomen Fahrzeugen zu erwarten? Und weiter: Welche weiteren Maßnahmen müssen getroffen werden, damit eine Einführung erfolgreich ist?

6.1 Zielerreichung

Die Absicht der Arbeit war es, den aktuellen Stand der gesellschaftlichen Herausforderungen und der Debatte im moralisch-ethischen Bereich auszuarbeiten und darzustellen. Dieses Ziel wurde erreicht. Zusammenfassend kann an dieser Stelle formuliert werden, dass die neue Technologie das Potenzial besitzt, Unfälle zu reduzieren, Staus zu vermeiden, den Kraftstoffverbrauch zu senken, den Parkbedarf zu verringern, fahrunfähigen Personen Mobilität zu verschaffen und, ganz allgemein, im Laufe der Zeit die Art der menschlichen Fortbewegung umfassend zu verändern.[353]

Doch trotz des potentiell hohen Nutzens gibt es noch erhebliche Hindernisse für die vollständige Umsetzung und eine weitreichende Verbreitung autonomer Fahrzeuge. So ist es notwendig, Entscheidungen darüber zu treffen, wie sich die Fahrzeuge in Dilemma-Situationen verhalten sollen. Obwohl der Mensch aufgrund seines vergleichsweise geringen Denkvermögens im Straßenverkehr oftmals Entscheidungen trifft, die utilitaristisch betrachtet nicht optimal sind, wird ihm die Eigenständigkeit bei der Entscheidung zugestanden. Sollte ein Gericht nach einem Unfall feststellen, dass die fahrende Person einen Fehler gemacht oder anderweitig falsch gehandelt hat, haftet der Mensch für seine Entscheidung, die jedoch moralisch gesehen dennoch vertretbar gewesen sein kann. Moralisch falsch handelt nur der, der die Konsequenzen seiner Handlung bewusst in Kauf nimmt. Dies ist bei menschlichem Versagen in der Regel nicht der Fall. Der Mensch ist schlichtweg nicht in der Lage, alle nicht-intendierten Folgen einer Entscheidung in einer Extremsituation abzusehen. Er handelt intuitiv oder im Affekt. Diese menschlichen Eigenschaften können jedoch von Maschinen bzw. Computern kaum imitiert werden. Darüber hinaus ist es nicht

---

[353] Vgl. *Fagnant, D. J., Kockelman, K.*, Barriers, 2015, S. 180.

wünschenswert, dass autonome Fahrzeuge mit den gleichen kognitiven Einschränkungen wie Menschen am Verkehr teilnehmen. Ein großer Vorteil der Künstlichen Intelligenzen ist schließlich, dass diese besser informierte Entscheidungen treffen können, bei denen weniger Schaden entsteht. Die „Vision Zero", also die Vorstellung einer unfallfreien Zukunft dank autonomer Autos, ist das Ziel. Das bedeutet aber, dass das Programm des Wagens mit Entscheidungshilfen hinterlegt sein muss, was im Falle eines Falles zu tun ist. Dabei sind der Software optimalerweise alle Konsequenzen bekannt. Das bedeutet, dass die Programmierung notwendigerweise Entscheidungen beinhaltet, die moralisch betrachtet falsch sind. Das Autonome Fahren erfordert hier neue Arten des Nachdenkens über Fragen von Schuld und Verantwortung, welche auch in den rechtlichen Rahmenbedingungen und Haftungsaspekten im Falle von Unfällen Niederschlag finden müssen. Derzeit sind diese Fragen weitestgehend ungeklärt.

Auf der technischen Seite ist das Autonome Fahren noch nicht so weit, wie es sein müsste, um flächendeckend einsetzbar zu sein. Die Technologie und die Umgebungssensoren scheitern noch häufig an kleinen Hindernissen wie Hecken oder Schlaglöchern. Doch auch die lückenlose Abdeckung mit leistungsfähigen mobilen Netzwerken zum Datenaustausch ist nicht gegeben.

Weitere Herausforderungen sind der Schutz von Daten und die Sicherheit der Fahrzeuge. Zum einen gilt es, private Bewegungs- und Einstellungsdaten gut zu schützen und vor Missbrauch zu bewahren. Zum anderen ist es elementar, dass die Software selbst so sicher ist, dass diese von außen nicht manipuliert werden kann. Ein Hackerangriff auf autonome Fahrzeuge könnte fatale Folgen haben. Beides ist bislang nur unzureichend gelöst.

All diese Aspekte stellen die Herausforderungen dar, die für die Zukunft des Autonomen Fahrens eine Rolle spielen. Sie tragen dazu bei, dass im Jahr 2019 eine breite Masse der Gesellschaft dem Autonomen Fahren noch skeptisch gegenübersteht. Besonders älteren Menschen fällt es schwer, sich auf solcherlei Neuartigkeit einzustellen. Aber auch Personen, die um ihren Job fürchten, kann das Autonome Fahren Angst machen.

6.2 Perspektiven

Damit, perspektivisch betrachtet, eine Einführung autonomer Fahrzeuge erfolgreich ist, ist es zum einen notwendig, von politischer und gesetzgebender Seite zahlreiche Fragen zu beantworten. Viele Neuerungen in juristischer Hinsicht müssen Eingang in das Denken und das Bewusstsein der Menschen finden. Das Verständnis von Moral und Ethik muss auf Maschinen erweitert werden. Sicherheitsbedenken sollten geprüft werden, um die Menschen zu schützen. Es gilt, Datenschutzfragen gegen die Vorteile der Datennutzung abzuwiegen. Die Beschaffenheit der Infrastruktur muss so überarbeitet werden, dass sie den Ansprüchen für Autonomes Fahren genügt und Vorteile für den Umweltschutz realisiert werden können. Hier sind weltweit politische Entscheidungsträger am Zug, die richtigen Weichen zu stellen.

Seitens der Autohersteller, die bereits seit Jahren hohe Summen in die Entwicklung stecken, ist es notwendig, die Vorbehalte der Kunden zu adressieren. So etwa die Angst vor Kontrollverlust oder der Umwidmung von gewonnener Zeit als Arbeitszeit. Bewegungsmangel und daraus resultierende Krankheiten sollten angesprochen werden. Generell erscheint es notwendig, die Menschen umfassend über Autonomes Fahren zu informieren und Aufklärungsarbeit zu leisten.

Gelingt dies sowohl von Politik als auch von Herstellerseite, könnte das Autonome Fahren oben genannte Vorteile mit sich bringen und, aus Sicht der Autorin, in einer mehr oder minder fernen Zukunft insgesamt einen überaus positiven Beitrag zur Verkehrs- und Mobilitätsentwicklung leisten.

Was die wissenschaftliche Forschung betrifft, kann und muss diese den Prozess auf allen Ebenen stetig begleiten. Das Autonome Fahren berührt verschiedenste Bereiche: Fahrzeugtechnik, digitale Medien, Sicherheit und Datenschutz, Ethik, Jura, etc. Vor allem aus Sicht der Verbrauchenden und auch als Grundlage für politische Entscheidungen ist es wünschenswert, möglichst unabhängige Informationen zu erhalten, um im Anschluss informiert handeln zu können. Welche Lösungsansätze gibt es, Verantwortlichkeiten beim Autonomen Fahren gesetzlich zu regeln und wie sind diese zu bewerten? Gibt es die Option, international gültige Regeln einzuführen? Wie sieht ein Minimalkonsens aus? Über welche ethischen Regeln besteht Einigkeit und ist es möglich, diese in den Handlungsalternativen des autonomen Fahrzeugs zu verankern? Diese Forschungsfragen sind nur wenige Beispiele für Wege der wissenschaftlichen Auseinandersetzung, die von unmittelbarer Relevanz für die Praxis sein können. In den kommenden Jahren ist hier eine Vielzahl hochinteressanter neuer Erkenntnisse zu erwarten.

Literaturverzeichnis

Andrews, Jeffrey G., Buzzi, Stefano, Choi, Wan, Hanly, Stephen, Lozano, Angel, Soong, Anthony C. K., Zhang, Jianzhong Charlie (5G, 2014): What Will 5G Be?, in: IEEE J. Sel. Areas Commun., 32 (2014), Nr. 6, S. 1065-1082

Avci, Ümmühan, Gulbahar, Yasemin (Technology, 2013): Technology Acceptance Model: A Review of the Prior Predictors, in: J. Fac. Educ. Sci., 46 (2013), Nr. 1, S. 89-109

Awad, Edmond, Dsouza, Sohan, Kim, Richard, Schulz, Jonathan, Henrich, Joseph, Shariff, Azim, Bonnefon, Jean-François, Rahwan, Iyad (Experiment, 2018): The Moral Machine experiment, in: Nature, 563 (2018), Nr. 7729, S. 59-64

Bagloee, Saeed Asadi, Tavana, Madjid, Asadi, Mohsen, Oliver, Tracey (Opportunities, 2016): Autonomous vehicles: challenges, opportunities, and future implications for transportation policies, in: J. Mod. Transp., 24 (2016), Nr. 4, S. 284-303

Barabás, Istvan, Todoruţ, Adrian, Nicolae, Cordos, Molea, Andreia (Challenges, 2017): Current challenges in autonomous driving, in: IOP Conf. Ser.: Mater. Sci. Eng., 252 (2017), o. S.

Bartels, Arne, Rohlfs, Michael, Hamel, Sebastian, Saust, Falko, Klauske, Lars Kristian (Querführungsassistenz, 2015): Querführungsassistenz, in: *Winner, Hermann, Hakuli, Stephan, Lotz, Felix, Singer, Christina* (Hrsg.), Handbuch Fahrerassistenzsysteme: Grundlagen, Komponenten und Systeme für aktive Sicherheit und Komfort, 2015, S. 937-957

Barthelmeß, Ulrike, Furbach, Ulrich (Perspektiven, 2019): Künstliche Intelligenz aus ungewohnten Perspektiven: Ein Rundgang mit Bergson, Proust und Nabokov, Wiesbaden: Springer Vieweg, 2019

Behling, Silke, Binder, Sibylle Luise, Schriever, Anja (Pferde, 2019): Pferde verstehen, erziehen und reiten, 4. Aufl., Stuttgart: Franckh Kosmos Verlag, 2019

Belker, Sven A. (Straßenfahrzeuge, 2015): Einführungsszenarien für höhergradig automatisierte Straßenfahrzeuge, in: *Maurer, Markus, Gerdes, J. Christian, Lenz, Barbara, Winner, Hermann* (Hrsg.), Autonomes Fahren: Technische, rechtliche und gesellschaftliche Aspekte, 2015, S. 197-218

Bendel, Oliver (Disziplin, 2018): Überlegungen zur Disziplin der Maschinenethik, in: APuZ, 68 (2018), Nr. 6-8, S. 8-14

Bernhart, Wolfgang (Evolution, 2015): Automatisiertes Fahren – Evolution statt Revolution, in: ATZextra, 20 (2015), Nr. 7, S. 12-17

Birnbacher, Dieter (Einführung, 2013): Analytische Einführung in die Ethik, 3. Aufl., Berlin, Boston: Walter de Gruyter, 2013

Blumenthal, Sara-Friederike (Ethikinitiativen, 2011): Wissenschaftsbezogene Ethikinitiativen supra-/nationaler Organisationen im europäischen Forschungsraum, in: *Neuhold, Leopold, Pelzl, Bernhard* (Hrsg.), Ethik in Forschung und Technik: Annäherungen, 2011, S. 149-230

Bohrmann, Thomas, Reichelt, Matthias, Veith, Werner (Angewandte, 2018): Angewandte Ethik und Film, Wiesbaden: Springer VS, 2018

Bonnefon, Jean-François, Shariff, Azim, Rahwan, Iyad (Dilemma, 2016): The social dilemma of autonomous vehicles, in: Science, 352 (2016), Nr. 6293, S. 1573-1576

Bostrom, Nick (Superintelligenz, 2017): Superintelligenz: Szenarien einer kommenden Revolution, 2. Aufl., Berlin: Suhrkamp, 2017

Brown, Barry, Laurier, Eric (Trouble, 2017): The trouble with autopilots: Assisted and autonomous driving on the social road, in: CHI 17, Conference Paper, (2017), S. 416-429

Buxmann, Peter, Schmidt, Holger (Intelligenz, 2019): Künstliche Intelligenz: Mit Algorithmen zum wirtschaftlichen Erfolg, Wiesbaden: Springer Gabler, 2019

Campolo, Claudia, Molinaro, Antonella, Iera, Antonio, Menichella, Francesco (Vehicle-to-Everything, 2017): 5G Network Slicing for Vehicle-to-Everything Services, in: IEEE Wirel. Commun., 24 (2017), Nr. 6, S. 38-45

Carp, Jeremy A. (Regulation, 2018): Autonomous Vehicles: Problems and Principles for Future Regulation, in: Univ. Pa. J. Int. Law, 4 (2018), Nr. 1, S. 82-148

Chandra, Ronal, Agani, Nazori, Prihastomo, Yoga (Self, 2012): Self Driving Car: Artificial Intelligence Approach, in: TICOM, 1 (2012), Nr. 1, S. 43-47

Cooper, Keiland Wade (Chinese, 2018): Can the Machine Understand: An Evidence Based Approach to the Chinese Room, in: IUJUR, 4 (2018), Nr. 1, S. 82-85

Dauth, Wolfgang, Haller, Peter (Pendeldistanzen, 2018): Klarer Trend zu längeren Pendeldistanzen, Nürnberg: Institut für Arbeitsmarkt- und Berufsforschung (IAB) der Bundesagentur für Arbeit, 2018

Dietzfelbinger, Daniel (Praxisleitfaden, 2015): Praxisleitfaden Unternehmensethik: Kennzahlen, Instrumente, Handlungsempfehlungen, 2. Aufl., Wiesbaden: Springer Gabler, 2015

Dikmen, Murat, Burns, Catherine M. (World, 2016): Autonomous Driving in the Real World: Experiences with Tesla Autopilot and Summon, in: AutoUI 16, Conference Paper, (2016), S. 225-228

Dudenhöffer, Ferdinand (Kurve, 2016): Wer kriegt die Kurve?: Zeitenwende in der Autoindustrie, Frankfurt, New York: Campus Verlag, 2016

Eberl, Ulrich (Leisten, 2018): Was ist Künstliche Intelligenz – was kann sie leisten?, in: APuZ, 68 (2018), Nr. 6-8, S. 8-14

Edmonds, David (Mann, 2015): Würden SIE den dicken Mann töten?: Das Trolley-Problem und was uns Ihre Antwort über Richtig und Falsch verrät, Stuttgart: Reclam, 2015

Endsley, Mica R. (Naturalistic, 2017): Autonomous Driving Systems: A Preliminary Naturalistic Study of the Tesla Model S, in: J. Cogn. Eng. Decis. Mak., 11 (2017), Nr. 3, S. 225–238

Ersoy, Metin, Buchmann, Volker, Heißing, Bernd, Schimmel, Christian (Fahrwerkrelevante, 2017): Fahrwerkrelevante Fahrerassistenzsysteme, in: *Ersoy, Metin, Gies, Stefan* (Hrsg.), Fahrwerkhandbuch: Grundlagen – Fahrdynamik – Fahrverhalten – Komponenten – Elektronische Systeme – Fahrerassistenz – Autonomes Fahren – Perspektiven, 2017, S. 877-911

Ersoy, Metin, Gies, Stefan (Hrsg.) (Fahrwerkhandbuch, 2017): Fahrwerkhandbuch: Grundlagen – Fahrdynamik – Fahrverhalten – Komponenten – Elektronische Systeme – Fahrerassistenz – Autonomes Fahren – Perspektiven, 5. Aufl., Wiesbaden: Springer Fachmedien, 2017

Ersoy, Metin, Heißing, Bernd, Gies, Stefan, Schimmel, Christian, Demmerer, Stephan (Zukunftsaspekte, 2017): Zukunftsaspekte des Fahrwerks, in: *Ersoy, Metin, Gies, Stefan* (Hrsg.), Fahrwerkhandbuch: Grundlagen – Fahrdynamik – Fahrverhalten – Komponenten – Elektronische Systeme – Fahrerassistenz – Autonomes Fahren – Perspektiven, 2017, S. 913-978

Fagnant, Daniel J., Kockelman, Kara (Barriers, 2015): Preparing a nation for autonomous vehicles: opportunities, barriers and policy recommendations, in: Transport Res. A-Pol, 77 (2015), S. 167-181

Farooqi, Shehroze, Ikram, Muhammad, Irfan, Gohar, De Cristofaro, Emiliano, Friedman, Arik, Jourjon, Guillaume, Kaafar, Mohamed Ali, Shafiq, M. Zubair, Zaffar, Fareed (Marketplaces, 2017): Characterizing Seller-Driven Black-Hat Marketplaces, in: eCrime 2017, (2017), S. 17-27

Faure, Michael G., Visscher, Louis T., Weber, Franziska (Risks, 2016): Liability for Unknown Risks: A Law and Economics Perspective, in: JETL, 7 (2016), Nr. 2, S. 198-228

Fischer, Hieronymus (Verkehrssituationen, 2019): Verkehrssituationen verstehen mit künstlicher Intelligenz, in: ATZexra, 24 (2019), Nr. 1, S. 16-19

Forgó, Nikolaus (Datenschutz, 2017): Datenschutzrechtliche Fragestellungen des autonomen Fahrens, in: *Oppermann, Bernd H., Stender-Vorwach, Jutta* (Hrsg.), Autonomes Fahren: Rechtsfolgen, Rechtsprobleme, technische Grundlagen, 2017, S. 157-171

Fraedrich, Eva, Lenz, Barbara (Akzeptanz, 2015): Datenschutzrechtliche Fragestellungen des autonomen Fahrens, in: *Maurer, Markus, Gerdes, J. Christian, Lenz, Barbara, Winner, Hermann* (Hrsg.), Autonomes Fahren: Technische, rechtliche und gesellschaftliche Aspekte, 2015, S. 639-660

Fraedrich, Eva, Lenz, Barbara (Mitfahren, 2015): Vom (Mit-)Fahren: autonomes Fahren und Autonutzung, in: *Maurer, Markus, Gerdes, J. Christian, Lenz, Barbara, Winner, Hermann* (Hrsg.), Autonomes Fahren: Technische, rechtliche und gesellschaftliche Aspekte, 2015, S. 687-708

Franke, Kai, Gonter, Mark, Leschke, André, Küçükay, Ferit (Car2X, 2012): Steigerung der Fahrzeugsicherheit Durch Car2X-Kommunikation, in: ATZ, 114 (2012), Nr. 11, S. 918-923

Frochte, Jörg (Maschinelles, 2019): Maschinelles Lernen: Grundlagen und Algorithmen in Python, 2. Aufl., München: Carl Hanser Verlag, 2019

Gardner, Howard (Vielfalt, 2013): Intelligenzen: Die Vielfalt des menschlichen Geistes, 4. Aufl., Stuttgart: Klett-Cotta, 2013

Gestring, Ingo, Gonschorek, Torsten, Haubold, Anne-Katrin, Sonntag, Ralph, von der Weth, Rüdiger (Hrsg.) (Mittelstand, 2016): Ethik im Mittelstand: Grundlagen und Instrumente zur praktischen Umsetzung, Wiesbaden: Springer Gabler, 2016

Göbel, Elisabeth (Unternehmensethik, 2017): Unternehmensethik: Grundlagen und praktische Umsetzung, 5. Aufl., Konstanz, München: UVK Verlagsgesellschaft mbH, 2017

Goodall, Noah J. (Risk, 2017): From Trolleys to Risk: Models for Ethical Autonomous Driving, in: Am. J. Public Health, 107 (2017), Nr. 4, S. 496

Gruyer, Dominique, Magnier, Valentin, Hamdi, Karima, Claussmann, Laurène, Orfila, Olivier, Rakotonirainy, Andry (Perception, 2017): Perception, information processing and modeling: Critical stages for autonomous driving applications, in: Annu. Rev. Control, 44 (2017), S. 323-341

Guthold, Regina, Stevens, Gretchen A., Riley, Leanne M., Bull, Fiona C. (Activity, 2018): Worldwide trends in insufficient physical activity from 2001 to 2016: a pooled analysis of 358 population-based surveys with 1·9 million participants, in: Lancet Glob. Health, 6 (2018), Nr. 10, S. E1077-E1086

Hartmann, Volker (Haftung, 2018): Recht und Haftung, in: *Herrmann, Andreas, Brenner, Walter* (Hrsg.), Die autonome Revolution: Wie selbstfahrende Autos unsere Straßen erobern, 2018, S. 182-189

Häuslschmid, Renate, von Bülow, Max, Pfleging, Bastian, Butz, Andreas (Trust, 2017): Supporting Trust in Autonomous Driving, in: IUI 2017, Conference Paper, (2017), S. 319-329

Hecker, Dirk, Döbel, Inga, Rüping, Stefan, Schmitz, Velina (Potenziale, 2017): Künstliche Intelligenz und die Potenziale des maschinellen Lernens für die Industrie, in: W & M, 9 (2017), Nr. 5, S. 26-35

Heinrichs, Dirk (Stadtstruktur, 2015): Autonomes Fahren und Stadtstruktur, in: *Maurer, Markus, Gerdes, J. Christian, Lenz, Barbara, Winner, Hermann* (Hrsg.), Autonomes Fahren: Technische, rechtliche und gesellschaftliche Aspekte, 2015, S. 219-239

Henderson, Peter, Islam, Riashat, Bachman, Philip, Pineau, Joelle, Precup, Doina, Meger, David (Reinforcement, 2018): Deep Reinforcement Learning that Matters, in: AAAI-18, Conference Paper, (2018), S. 3207-3214

Herrmann, Andreas, Brenner, Walter (Hrsg.) (Revolution, 2018): Die autonome Revolution: Wie selbstfahrende Autos unsere Straßen erobern, Frankfurt am Main: Frankfurter Allgemeine Buch, 2018

Hilgendorf, Eric (Ethikkommission, 2017): Dilemma-Problem gelöst Ergebnisse der Ethikkommission zum automatisierten Fahren, in: ATZ, 12 (2017), Nr. 4, S. 46-49

Hobert, Laurens, Festag, Andreas, Llatser, Ignacio, Altomare, Luciano, Visintainer, Filippo, Kovacs, Andras (Communication, 2015): Enhancements of V2X communication in support of cooperative autonomous driving, in: IEEE Commun. Mag., 53 (2015), Nr. 12, S. 64-70

Hurna, Myron (Moral, 2017): Was ist, was will, was kann Moral?, Wiesbaden: Springer VS, 2017

Jafarnejad, Sasan, Codeca, Lara, Bronzi, Walter, Frank, Raphael, Engel, Thomas (Connectivity, 2015): A Car Hacking Experiment: When Connectivity Meets Vulnerability, in: 2015 IEEE GC. Wkshps., Conference Paper, (2015), o. S.

Jordan, Michael I., Mitchell, Tom M. (Perspectives, 2015): Machine learning: Trends, perspectives, and prospects, in: Science, 349 (2015), Nr. 6245, S. 255-260

Kappel, Marcel, Krune, Edgar, Waldburger, Martin, Wilsch, Benjamin (Rolle, 2019): Die Rolle der KI beim automatisierten Fahren, in: *Wittphal, Volker* (Hrsg.), Künstliche Intelligenz: Technologie | Anwendung | Gesellschaft, 2019, S. 176-193

Kernhof, Jürgen, Leuckfeld, Jan, Tavano, Guispeppe (Lidar, 2018): LiDAR-Sensorsystem für automatisiertes und autonomes Fahren, in: *Tille, Thomas* (Hrsg.), Automobil-Sensorik 2: Systeme, Technologien und Applikationen, 2018, S. 29-54

Kersting, Kristian (Machines, 2018): Machine Learning and Artificial Intelligence: Two Fellow Travelers on the Quest for Intelligent Behavior in Machines, in: Front. Big Data, Artikel 6, 1 (2018), o. S.

Kirste, Moritz, Schürholz, Markus (Anwendung, 2019): Einleitung: Entwicklungswege zur KI, in: *Wittphal, Volker* (Hrsg.), Künstliche Intelligenz: Technologie | Anwendung | Gesellschaft, 2019, S. 21-35

Kokuti, Andras, Hussein, Ahmed, Marin-Plaza, Pablo, de la Escalera, Arturo, Garcia, Fernando (Architecture, 2017): V2X communications architecture for off-road autonomous vehicles, in: IEEE ICVES 2017, Conference Paper, (2017), S. 69-74

Könneker, Carsten (Zukunft, 2017): Unsere digitale Zukunft: In welcher Welt wollen wir leben?, Berlin, Heidelberg: Springer-Verlag Berlin Heidelberg, 2017

Koopman, Philip, Wagner, Michael (Testing, 2016): Challenges in Autonomous Vehicle Testing and Validation, in: SAE Int. J. Transp. Saf., 4 (2016), Nr. 1, S. 15-24

Krimmel, Horst, Ersoy, Metin (Fahrwerkelektronik, 2017): Fahrwerkelektronik, in: *Ersoy, Metin, Gies, Stefan* (Hrsg.), Fahrwerkhandbuch: Grundlagen – Fahrdynamik – Fahrverhalten – Komponenten – Elektronische Systeme – Fahrerassistenz – Autonomes Fahren – Perspektiven, 2017, S. 747-792

Kristianssen, Ann-Catrin, Andersson, Ragnar, Belin, Matts-Åke, Nilsen, Per (Swedish, 2018): Swedish Vision Zero policies for safety – A comparative policy content analysis, in: Safety Sci., 103 (2018), S. 260-269

Kröger, Fabian (Verantwortung, 2015): Das automatisierte Fahren im gesellschaftsgeschichtlichen und kultur-wissenschaftlichen Kontext, in: *Maurer, Markus, Gerdes, J. Christian, Lenz, Barbara, Winner, Hermann* (Hrsg.), Autonomes Fahren: Technische, rechtliche und gesellschaftliche Aspekte, 2015, S. 41-67

Liu, Hin-Yan (Irresponsibilities, 2017): Irresponsibilities, inequalities and injustice for autonomous vehicles, in: Ethics Inf. Technol., 19 (2017), Nr. 3, S. 193-207

Lohmann, Melinda Florina (Barriere, 2015): Erste Barriere für selbstfahrende Fahrzeuge überwunden – Entwicklungen im Zulassungsrecht, in: sui gen., (2015), S. 135-150

Mainzer, Klaus (Maschinen, 2016): Künstliche Intelligenz – Wann übernehmen die Maschinen?, Berlin, Heidelberg: Springer-Verlag Berlin Heidelberg, 2016

Matthaei, Richard, Reschka, Andreas, Rieken, Jens, Dierkes, Frank, Ulbrich, Simon, Winkle, Thomas, Maurer, Markus (Fahrerassistenzsysteme, 2015): Autonomes Fahren, in: *Winner, Hermann, Hakuli, Stephan, Lotz, Felix, Singer, Christina* (Hrsg.), Handbuch Fahrerassistenzsysteme: Grundlagen, Komponenten und Systeme für aktive Sicherheit und Komfort, 2015, S. 1140-1165

Maurer, Markus, Gerdes, J. Christian, Lenz, Barbara, Winner, Hermann (Hrsg.) (Autonomes, 2015): Autonomes Fahren: Technische, rechtliche und gesellschaftliche Aspekte, Wiesbaden: Springer Vieweg, 2015

Miao, Chengsheng, Liu, Haiou, Zhu, Guoming G., Chen, Huiyan (Route, 2018): Connectivity-based optimization of vehicle route and speed for improved fuel economy, in: Transport Res. C-Emer, 91 (2018), S. 353-368

Minx, Eckard, Dietrich, Rainer (Fahren, 2015): Autonomes Fahren: Wo wir heute stehen und was noch zu tun ist, München: Axel Springer SE, Corporate Solutions, 2015

Misselhorn, Catrin (Maschinenethik, 2018): Grundfragen der Maschinenethik, Ditzingen: Reclam, 2018

Misselhorn, Catrin (Können, 2018): Können und sollen Maschinen moralisch handeln?, in: APuZ, 68 (2018), Nr. 6-8, S. 29-33

Netter, Florian (Applikationen, 2017): Künstliche Intelligenz im Auto – Applikationen, Technologien und Herausforderungen, in: ATZ, 12 (2017), Nr. 1, S. 20-25

Neuhold, Leopold, Pelzl, Bernhard (Hrsg.) (Ethik, 2011): Ethik in Forschung und Technik: Annäherungen, Wien, Köln, Weimar: Böhlau Verlag, 2011

Nida-Rümelin, Julian, Weidenfeld, Nathalie (Humanismus, 2018): Digitaler Humanismus: Eine Ethik für das Zeitalter der Künstlichen Intelligenz, München: Piper Verlag, 2018

Nyholm, Sven, Smids, Jilles (Accident, 2016): The Ethics of Accident-Algorithms for Self-Driving Cars: an Applied Trolley Problem?, in: Ethical Theory Moral Pract., 19 (2016), Nr. 5, S. 1275-1289

von Oeynhausen, B. (Pferdeliebhaber, 1865): Der Pferdeliebhaber: Ein Handbuch über Pferdekenntniss im weiteren Sinne, Wien: L. W. Seidel & Sohn, 1865

Oppermann, Bernd H., Stender-Vorwach, Jutta (Hrsg.) (Recht, 2017): Autonomes Fahren: Rechtsfolgen, Rechtsprobleme, technische Grundlagen, München: C.H. Beck, 2017

Ortmanns, Wolfgang (Entwicklung, 2016): Entwicklung der Ethik, in: *Gestring, Ingo, Gonschorek, Torsten, Haubold, Anne-Katrin, Sonntag, Ralph, von der Weth, Rüdiger* (Hrsg.), Ethik im Mittelstand: Grundlagen und Instrumente zur praktischen Umsetzung, 2016, S. 1-16

Otto, Philipp, Gräf, Eike (Zeit, 2017): 3TH1CS - Die Ethik der digitalen Zeit, Berlin: iRights Media, 2017

Parkinson, Simon, Ward, Paul, Wilson, Kyle, Miller, Jonathan (Threats, 2017): Cyber Threats Facing Autonomous and Connected Vehicles: Future Challenges, in: IEEE T. Intell. Transp., 18 (2017), Nr. 11, S. 2898-2915

Proff, Heike, Fojcik, Thomas Martin (Hrsg.) (Trends, 2016): Nationale und internationale Trends in der Mobilität: Technische und betriebswirtschaftliche Aspekte, Wiesbaden: Gabler Verlag, 2016

Radhakrishnan, Jaikumar, Cook, Stephen A., Parikh, Rohit J., Gopalkrishnan, Manoj, Sohoni, Milind (Completeness, 2014): Conversations: from Alan Turing to NP-completeness, in: Curr. Sci., 106 (2014), Nr. 12, S. 1696-1701

Ramge, Thomas (Roboter, 2018): Mensch und Maschine: Wie Künstliche Intelligenz und Roboter unser Leben verändern, Ditzingen: Reclam, 2018

Rannenberg, Kai (Daten, 2015): Erhebung und Nutzbarmachung zusätzlicher Daten – Möglichkeiten und Risiken, in: *Maurer, Markus, Gerdes, J. Christian, Lenz, Barbara, Winner, Hermann* (Hrsg.), Autonomes Fahren: Technische, rechtliche und gesellschaftliche Aspekte, 2015, S. 515-538

Reinheimer, Stefan (Cloud, 2018): Cloud Computing: Die Infrastruktur der Digitalisierung, Wiesbaden: Springer Vieweg, 2018

Ricken, Friedo (Allgemeine, 2003): Allgemeine Ethik, 4. Aufl., Stuttgart: Kohlhammer, 2003

Rios-Torres, Jackeline, Malikopoulos, Andreas A. (Impact, 2017): Impact of connected and automated vehicles on traffic flow, in: IEEE ITSC 2017, Conference Paper, (2017), o. S.

Ritz, Johannes (Mobilitätswende, 2018): Mobilitätswende - autonome Autos erobern unsere Straßen: Ressourcenverbrauch, Ökonomie und Sicherheit, Wiesbaden: Springer, 2018

Russell, Stuart Jonathan, Norvig, Peter (Artificial, 2016): Artificial Intelligence: A Modern Approach, 3. Aufl., Upper Saddle River: Pearson, 2016

Scheffels, Gerald (Farben, 2016): Neue Farben für autonomes Fahren?, in: JOT, 56 (2016), Nr. 9, S. 33-37

Schlag, Bernhard (Straßenverkehr, 2016): Automatisiertes Fahren im Straßenverkehr – Offene Fragen aus Sicht der Psychologie, in: ZVS, 62 (2016), Nr. 2, S. 94-98

Scholz, Volker, Kempf, Marius (Mobilität, 2016): Autonomes Fahren: Autos im moralischen Dilemma?, in: *Proff, Heike, Fojcik, Thomas Martin* (Hrsg.), Nationale und internationale Trends in der Mobilität: Technische und betriebswirtschaftliche Aspekte, 2016, S. 217-230

Schwuchow, Karlheinz (Abschied, 2009): Howard Gardner: Abschied vom IQ, in: manag.Sem., (2009), Nr. 141, S. 24-29

Searle, John (Minds, 1980): Minds, brains, and programs, in: Behav. Brain Sci., 3 (1980), Nr. 3, S. 417-457

Shariff, Azim, Bonnefon, Jean-François, Rahwan, Iyad (Roadblocks, 2017): Psychological roadblocks to the adoption of self-driving vehicles, in: Nat. Hum. Behav., 1 (2017), S. 694–696

Shyamasundar, R. K. (Legacy, 2014): The computing legacy of Alan M. Turing (1912–1954), in: Curr. Sci., 106 (2014), Nr. 12, S. 1669-1680

Simsek, Meryem, Aijaz, Adnan, Dohler, Mischa, Sachs, Joachim, Fettweis, Gerhard (Internet, 2016): 5G-Enabled Tactile Internet, in: IEEE J. Sel. Areas Commun., 34 (2016), Nr. 3, S. 460-473

Styczynski, Zbigniew A., Rudion, Krzysztof, Naumann, André (Expertensysteme, 2017): Einführung in Expertensysteme: Grundlagen, Anwendungen und Beispiele aus der elektrischen Energieversorgung, Wiesbaden: Springer Vieweg, 2017

Terliesner, Stefan (Lenkrad, 2017): Entspannt die Hände vom Lenkrad nehmen, in: VM, 7 (2017), S. 40-43

Thomson, Judith Jarvis (Trolley, 1985): The Trolley Problem, in: Yale Law J., 94 (1985), Nr. 6, S. 1395-1415

Tille, Thomas (Hrsg.) (Systeme, 2018): Automobil-Sensorik 2: Systeme, Technologien und Applikationen, Wiesbaden: Springer Vieweg, 2018

Trinkwalder, Andrea (Netze, 2016): Netzgespinste: Die Mathematik neuronaler Netze: einfache Mechanismen, komplexe Konstruktion, in: c't, 6 (2016), S. 130-135

Turing, Alan M. (Computing, 1950): Computing Machinery and Intelligence, in: Mind, 59 (1950), Nr. 236, S. 433-460

von Ungern-Sternberg, Antje (Völker, 2017): Völker- und europarechtliche Implikationen autonomen Fahrens, in: *Oppermann, Bernd H., Stender-Vorwach, Jutta* (Hrsg.), Autonomes Fahren: Rechtsfolgen, Rechtsprobleme, technische Grundlagen, 2017, S. 293-334

Vaas, Rüdiger (Gehirn, 2008): Wie das Gehirn sein Urteil fällt, in: bdw, (2008), Nr. 1, S.88

Vieth, Andreas (Philoshophische, 2018): Einführung in die Philosophische Ethik, Münster: Books on Demand, 2018

Wachenfeld, Walther, Winner, Hermann (Freigabe, 2015): Die Freigabe des autonomen Fahrens, in: *Maurer, Markus, Gerdes, J. Christian, Lenz, Barbara, Winner, Hermann* (Hrsg.), Autonomes Fahren: Technische, rechtliche und gesellschaftliche Aspekte, 2015, S. 439-464

Wachenfeld, Walther, Winner, Hermann (Lernen, 2015): Lernen autonome Fahrzeuge?, in: *Maurer, Markus, Gerdes, J. Christian, Lenz, Barbara, Winner, Hermann* (Hrsg.), Autonomes Fahren: Technische, rechtliche und gesellschaftliche Aspekte, 2015, S. 465-488

Waldmann, Hanspeter (Jahrhundert, 2008): Die Moral des 21. Jahrhunderts, Berlin, München: Peter Lang GmbH, Internationaler Verlag der Wissenschaften, 2008

Wambach, Achim, Müller, Hans Christian (Wohlstand, 2018): Digitaler Wohlstand für alle: Ein Update der Sozialen Marktwirtschaft ist möglich, Frankfurt, New York: Campus Verlag, 2018

Warwick, Kevin, Shah, Huma (Think, 2016): Can machines think? A report on Turing test experiments at the Royal Society, in: J. Exp. Theor. Artif. Intell., 28 (2016), Nr. 6, S. 989-1007

Warwick, Kevin, Shah, Huma (Passing, 2016): Passing the Turing Test Does Not Mean the End of Humanity, in: Cogn. Comput., 8 (2016), Nr. 3, S. 409-419

Wedeniwski, Sebastian (Mobilitätsrevolution, 2015): Mobilitätsrevolution in der Automobilindustrie: Letzte Ausfahrt digital!, Wiesbaden: Springer Vieweg, 2015

Winkle, Thomas (Berücksichtigung, 2015): Entwicklungs- und Freigabeprozess automatisierter Fahrzeuge: Berücksichtigung technischer, rechtlicher und ökonomischer Risken, in: *Maurer, Markus, Gerdes, J. Christian, Lenz, Barbara, Winner, Hermann* (Hrsg.), Autonomes Fahren: Technische, rechtliche und gesellschaftliche Aspekte, 2015, S. 611-635

Winner, Hermann, Hakuli, Stephan, Lotz, Felix, Singer, Christina (Hrsg.) (Handbuch, 2015): Handbuch Fahrerassistenzsysteme: Grundlagen, Komponenten und Systeme für aktive Sicherheit und Komfort, 3. Aufl., Wiesbaden: Springer Vieweg, 2015

Wittphal, Volker (Hrsg.) (Handbuch, 2019): Künstliche Intelligenz: Technologie | Anwendung | Gesellschaft, Wiesbaden: Springer Vieweg, 2019

Wolfers, Benedikt (Selbstfahrend, 2017): Selbstfahrende Autos: Ist das erlaubt?, in: RAW, 5 (2017), Nr. 1, S. 2-13

World Health Organization (Global, 2015): Global status report on road safety 2015, Geneva: World Health Organization, 2015

World Health Organization (Safety, 2018): Global status report on road safety 2018, Geneva: World Health Organization, 2018

Zheng, Kan, Zheng, Qiang, Yang, Haojun, Zhao, Long, Hou, Lu, Chatzimisios, Periklis (Vehicular, 2017): Reliable and efficient autonomous driving: the need for heterogeneous vehicular networks, in: IEEE Commun. Mag., 53 (2015), Nr. 12, S. 72-79

Zika, Gerd, Helmrich, Robert, Maier, Tobias, Weber, Enzo, Walter, Marc I. (Arbeitsmarkt, 2018): Arbeitsmarkteffekte der Digitalisierung bis 2035: Regionale Branchenstruktur spielt eine wichtige Rolle, Nürnberg: Institut für Arbeitsmarkt- und Berufsforschung (IAB) der Bundesagentur für Arbeit, 2018

Gesetzesverzeichnis

Bundesgesetzblatt (BGBl) vom 21.09.1977, Gesetz zu den Übereinkommen vom 8. November 1968 über den Straßenverkehr und über Straßenverkehrszeichen, zu den Europäischen Zusatzübereinkommen vom 1. Mai 1971 zu diesen Übereinkommen sowie zum Protokoll vom 1. März. 1973 über Straßenmarkierungen

Datenschutz-Grundverordnung (DSGVO) vom 27.04.2017, die übersichtlich aufbereitet und seit dem 25. Mai 2018 anwendbar ist

Übereinkommen über den Straßenverkehr (StVÜbk) vom 08.11.1968 (BGBl. 1977 II S. 809, BGBl. 1979 II S. 932) zuletzt geändert durch das Gesetz vom 07.12.2016 (BGBl. 2016 II S. 1306, 1307)

Internetquellen

ADAC e. V. (Gefahr, 2019): Autonomes Fahren: Gefahr durch Hacker, <https://www.adac.de/rund-ums-fahrzeug/autonomes-fahren/recht/autonomes-fahren-hacker-angriff/?&redirectId=quer.gefahren%20hacker> (2019-02-06) [Zugriff 2019-05-10]

ADAC Versicherung AG (Übersicht, o. J.): Fahrerassistenzsysteme in der Übersicht, <https://www.adac.de/infotestrat/technik-und-zubehoer/fahrerassistenzsysteme/uebersicht/fahrerassistenzsysteme_uebersicht.aspx> (keine Datumsangabe) [Zugriff 2019-04-22]

Aj Sokolov, Daniel (Unterschied, 2015): Was ist der Unterschied zwischen einem autonomen Auto und einem autonomen Auto?, <https://www.heise.de/ct/artikel/Was-ist-der-Unterschied-zwischen-einem-autonomen-Auto-und-einem-autonomen-Auto-2773184.html> (2015-08-06) [Zugriff 2019-05-12]

Audi AG (Hochautomatisiert, 2017): Der neue Audi A8 – hochautomatisiertes Fahren auf Level 3, <https://www.audi-mediacenter.com/de/per-autopilot-richtung-zukunft-die-audi-vision-vom-autonomen-fahren-9305/der-neue-audi-a8-hochautomatisiertes-fahren-auf-level-3-9307> (2017-09-11) [Zugriff 2019-04-26]

Aunkofer, Benjamin (Deep, 2018): FAQ Machine Learning: Machine Learning vs Deep Learning – Wo liegt der Unterschied?, <https://data-science-blog.com/blog/2018/05/14/machine-learning-vs-deep-learning-wo-liegt-der-unterschied> (2018-05-14) [Zugriff 2019-04-10]

Beck, Susanne (Rechtssystem, 2018): Autonomes Fahren: Herausforderung für das bestehende Rechtssystem, <https://www.informatik-aktuell.de/management-und-recht/it-recht/autonomes-fahren-und-strafrecht.html> (2018-08-28) [Zugriff 2019-04-25]

Becker, Jochen (Knight, 2018): Knight Rider Sprüche: Die lustigsten Momente der Serie im Video, <https://www.film.tv/nachrichten/2018/knight-rider-sprueche-die-lustigsten-momente-der-serie-im-video-39919.html> (2018-03-17) [Zugriff 2019-04-22]

Blain, Loz (Driving, 2017): Self-driving vehicles: What are the six levels of autonomy?, <https://newatlas.com/sae-autonomous-levels-definition-self-driving/49947> (2017-06-08) [Zugriff 2019-05-12]

Brandstädter, Philipp (Bequem, 2016): 130 Jahre Auto: Von der stinkenden Kutsche zum schnellen Flitzer, <https://www.tlz.de/kinder/detail/-/specific/130-Jahre-Auto-Von-der-stinkenden-Kutsche-zum-schnellen-Flitzer-1356218897> (2016-04-28) [Zugriff 2019-04-22]

Brown, Caitlin (White, 2015): White or Black Hat? An Economic Analysis of Computer Hacking, <https://ideas.repec.org/p/geo/guwopa/gueconwpa~15-15-04.html> (2015-06-11) [Zugriff 2019-05-17]

Buchenau, Martin-W. (Milliarden, 2019): Milliarden fürs autonome Fahren – Bosch wagt sich ins KI-Duell mit Google, <https://www.handelsblatt.com/unternehmen/industrie/autozulieferer-milliarden-fuers-autonome-fahren-bosch-wagt-sich-ins-ki-duell-mit-google/23926612.html> (2019-04-23) [Zugriff 2019-04-23]

Bullwinkel, Ina (Freiheit, 2017): Wenn wir Freiheit für Sicherheit aufgeben, <https://www.weser-kurier.de/deutschland-welt/deutschland-welt-wirtschaft_artikel,-wenn-wir-freiheit-fuer-sicherheit-aufgeben-_arid,1674226.html> (2017-11-30) [Zugriff 2019-04-25]

Bülow, Ralf (Weichensteller, 2017): Ethik bei autonomen Autos und das Trolley-Problem: Was tut der Weichensteller?, <https://www.heise.de/newsticker/meldung/Ethik-bei-autonomen-Autos-und-das-Trolley-Problem-Was-tut-der-Weichensteller-3766885.html?seite=all> (2017-07-09) [Zugriff 2019-05-12]

Bundesamt für Strahlenschutz (Hauttypen, o. J.): Die verschiedenen Hauttypen, <http://www.bfs.de/DE/themen/opt/uv/wirkung/hauttypen/hauttypen_node.html> (keine Datumsangabe) [Zugriff 2019-05-05]

Bundesinstitut für Bau-, Stadt- und Raumforschung (Menschen, 2017): Immer mehr Menschen pendeln zur Arbeit, <https://www.bbsr.bund.de/BBSR/DE/Home/Topthemen/2017-pendeln.html> (2017-04) [Zugriff 2019-04-11]

Bundesministerium für Bildung und Forschung (Bekanntmachung, 2017): Bekanntmachung: Richtlinie zur Förderung von Forschungsinitiativen auf dem Gebiet "Disruptive Fahrzeugkonzepte für die autonome elektrische Mobilität (Auto-Dis)" im Rahmen des Förderprogramms "Mikroelektronik aus Deutschland – Innovationstreiber der Digitalisierung", <https://www.bmbf.de/foerderungen/bekanntmachung-1311.html> (2017-02-06) [Zugriff 2019-04-24]

Bundesministerium für Verkehr, Innovation und Technologie (Verkehrsminister, 2018): Treffen der Umwelt- & Verkehrsminister: Grazer Deklaration & Vision Zero, <https://infothek.bmvit.gv.at/treffen-der-umwelt-verkehrsminister-grazer-deklaration-vision-zero-mission2030> (2018-11-05) [Zugriff 2019-04-22]

Bundesministerium für Verkehr und digitale Infrastruktur (Bericht, 2017): Ethik-Kommission zum automatisierten Fahren legt Bericht vor, <https://www.bmvi.de/SharedDocs/DE/Pressemitteilungen/2017/084-dobrindt-bericht-der-ethik-kommission.html> (2017-06-20) [Zugriff 2019-05-09]

Bundesministerium für Wirtschaft und Energie (Elektronik, 2018): KMU-innovativ: Elektronik und autonomes Fahren, <http://www.foerderdatenbank.de/Foerder-DB/Navigation/Foerderrecherche/suche.html?get=views;document&doc=12954> (2018-12-12) [Zugriff 2019-04-22]

CosmosDirekt (Verhaltensweisen, 2018): Aktuelle Umfrage: Verhaltensweisen deutscher Autofahrer und Sicherheit im Straßenverkehr, <https://www.cosmosdirekt.de/veroeffentlichungen/strassenverkehr-244020> (2018-09-06) [Zugriff 2019-04-22]

Daimler AG (Automobil, o. J.): Unternehmensgeschichte: Benz Patent-Motorwagen: Das erste Automobil (1885-1886), <https://www.daimler.com/konzern/tradition/geschichte/1885-1886.html> (keine Datumsangabe) [Zugriff 2019-04-22]

Daimler AG (Computer-Brains, o. J.): Computer-Brains und autonomes Fahren. Wie künstliche Intelligenz Autos fit für die Zukunft macht, <https://www.daimler.com/innovation/case/autonomous/kuenstliche-intelligenz.html> (keine Datumsangabe) [Zugriff 2019-04-10]

Deutscher Verkehrssicherheitsrat (Zero, 2016): Die Vision Zero lebt, <https://www.dvr.de/dvr/vision-zero/kolloquium-2016> (2016-12-07) [Zugriff 2019-04-22]

Deutscher Verkehrssicherheitsrat (Umwelt, 2017): EU-Kommission: Bis 2050 keine Verkehrstoten mehr – Fahrerassistenzsysteme sollen helfen, <https://www.dvr.de/presse/informationen/eu-kommission-bis-2050-keine-verkehrstoten-mehr--fahrerassistenzsysteme-sollen-hefen_id-4741.html> (2017-04-20) [Zugriff 2019-04-23]

Literaturverzeichnis

Donath, Andreas (Google, 2015): Google-Patent: So sollen autonome Autos mit Fußgängern kommunizieren, <https://www.golem.de/news/google-patent-so-sollen-autonome-autos-mit-fussgaengern-kommunizieren-1511-117701.html> (2015-11-30) [Zugriff 2019-04-23]

Duale Hochschule Baden-Württemberg Ravensburg (Skepsis, 2018): Studie zum autonomen Fahren: Befragte zeigen großes Interesse mit einer Portion Skepsis, <http://www.ravensburg.dhbw.de/dhbw-ravensburg/aktuelles/detail/2018/10/studie-zum-autonomen-fahren-befragte-zeigen-grosses-interesse-mit-einer-portion-skepsis.html> (2018-10-31) [Zugriff 2019-04-25]

Eckoldt, Matthias (Willensfreiheit, 2016): Neue Erkenntnisse zur Willensfreiheit: Wie das Gehirn entscheidet, <https://www.deutschlandfunkkultur.de/neue-erkenntnisse-zur-willensfreiheit-wie-das-gehirn.976.de.html?dram:article_id=371055> (2016-11-10) [Zugriff 2019-05-12]

Engelhart, Klaus (Straßen, 2018): Für mehr Sicherheit auf den Straßen dieser Welt - Vision Zero als langfristiges Ziel, <https://www.pressebox.de/pressemitteilung/continental-reifen-deutschland-gmbh-hannover/Fuer-mehr-Sicherheit-auf-den-Strassen-dieser-Welt-Vision-Zero-als-langfristiges-Ziel/boxid/887888> (2018-01-08) [Zugriff 2019-04-23]

Fehrenbacher, Katie (Tesla, 2015): How Tesla is ushering in the age of the learning car, <http://fortune.com/2015/10/16/how-tesla-autopilot-learns> (2015-10-16) [Zugriff 2019-04-28]

Frankfurter Allgemeine (Algorithmen, 2018): Neue Studie: „Algorithmen bestimmen zunehmend unser Leben", <https://www.faz.net/aktuell/gesellschaft/studie-algorithmen-bestimmen-zunehmend-ueber-unser-leben-15602803.html> (2018-05-23) [Zugriff 2019-04-23]

Fridays for Future (Fridays, o. J.): Fridays for Future, <https://fridaysforfuture.de/> (keine Datumsangabe) [Zugriff 2019-05-22]

Greenberg, Andy (Hacker, 2015): Hackers Remotly Kill a Jeep on the Highway – With Me in It, <https://www.wired.com/2015/07/hackers-remotely-kill-jeep-highway> (2015-07-21) [Zugriff 2019-04-25]

Greis, Friedhelm (Zulassung, 2017): Neuer A8 vorgestellt: Audis Staupilot steckt noch im Zulassungsstau, <https://www.golem.de/news/neuer-a8-vorgestellt-audis-staupilot-steckt-noch-im-zulassungsstau-1707-128881-2.html> (2017-07-13) [Zugriff 2019-05-12]

Hage, Simon, Rosenbach, Marcel (Autobranche, 2018): WLAN oder Mobilfunk: Autobranche streitet über vernetztes Fahren, <https://www.spiegel.de/netzwelt/web/vernetztes-fahren-team-wlan-gegen-team-mobilfunk-a-1240112.html> (2018-11-23) [Zugriff 2019-04-24]

Halsey, Ashley (Driverless, 2018): Could driverless cars cause more congestion in urban cores?, <https://www.tampabay.com/news/science/Could-driverless-cars-cause-more-congestion-in-urban-cores-_169708830> (2018-07-04) [Zugriff 2019-04-27]

Hammerschmidt, Christoph (Insel, 2019): Autonomes Fahren und 5G: Kein Auto ist eine Insel, <https://www.car-it.com/kein-auto-ist-eine-insel/id-0061592> (2019-02-21) [Zugriff 2019-04-12]

HELLA GmbH & Co. KGaA (Assistenzsysteme, o. J.): Fahrerassistenzsysteme Übersicht, <https://www.hella.com/techworld/de/Technik/Elektrik-Elektronik/Fahrerassistenzsysteme-Uebersicht-45184/> (keine Datumsangabe) [Zugriff 2019-04-22]

HUK-COBURG-Allgemeine Versicherung AG (Telematik, o. J.): Was ist Telematik?, <https://www.huk.de/fahrzeuge/ratgeber/autokauf/was-ist-telematik.html> (keine Datumsangabe) [Zugriff 2019-05-12]

Jentzsch, Nicola (Privatsphäre, 2014): Welchen Preis hat Privatsphäre?, <http://www.bpb.de/gesellschaft/digitales/datenschutz/194386/welchen-preis-hat-privatsphaere> (2014-03-10) [Zugriff 2019-05-12]

Kant, Immanuel (Kant, o. J): Kant: AA IV, Grundlegung zur Metaphysik der ... , Seite 440, <https://korpora.zim.uni-duisburg-essen.de/kant/aa04/440.html> (keine Datumsangabe) [Zugriff 2019-05-12]

Kaute, Florian (Austausch, 2017): Autonomes Fahren: Erste Autos sind seit heute in Karlsruhe unterwegs!, <https://www.ka-news.de/wirtschaft/karlsruhe-innovativ/Autonomes-Fahren-Erste-Autos-sind-seit-heute-in-Karlsruhe-unterwegs;art516981,2157706 > (2017-12-06) [Zugriff 2019-04-25]

Kemme, Michael (Städte, 2018): Autonomes Fahren kann Städte lebenswerter machen, <https://www.welt.de/wirtschaft/bilanz/article181517138/Neue-Mobilitaet-Autonomes-Fahren-kann-Staedte-lebenswerter-machen.html> (2018-09-13) [Zugriff 2019-04-24]

Knight, Will (Undurchschaubar, 2016): Undurchschaubare Autopiloten, <https://www.heise.de/tr/artikel/Undurchschaubare-Autopiloten-3264689.html> (2016-07-13) [Zugriff 2019-04-10]

Kroher, Thomas (Ökobilanz, 2018): Elektro, Gas, Benzin, Diesel & Hybrid: Die Ökobilanz unserer Autos, <https://www.adac.de/der-adac/motorwelt/reportagen-berichte/auto-innovation/studie-oekobilanz-pkw-antriebe-2018> (2018-03-20) [Zugriff 2019-04-24]

Lang, Patrick, Conrad, Bernd (Level, 2018): Wann fahren wir mit komplett autonomen Fahrzeugen?: Die Level der Automatisierung und ethische Fragen, <https://www.auto-motor-und-sport.de/verkehr/level-autonomes-fahren-sae> (2018-04-21) [Zugriff 2019-05-12]

Lobe, Adrian (Autofahrer, 2018): Aktuelle Seite: Lobes Digitalfabrik: Wie simuliert man einen Autofahrer?, <https://www.spektrum.de/kolumne/wie-simuliert-man-einen-autofahrer/1562556> (2018-05-01) [Zugriff 2019-04-23]

Manhart, Klaus (Müssen, 2018): Was Sie über Maschinelles Lernen wissen müssen, <https://www.computerwoche.de/a/was-sie-ueber-maschinelles-lernen-wissen-muessen,3329560> (2018-06-19) [Zugriff 2019-04-10]

Masuhr, Jens (Job, 2017): Job-Hammer: Roboter ersetzen die Hälfte der deutschen Arbeitsplätze, <https://www.focus.de/finanzen/boerse/zukunft-der-arbeit-die-neue-german-angst_id_6816692.html> (2017-03-27) [Zugriff 2019-04-25]

McKinsey & Company (Offenheit, 2017): Künstliche Intelligenz revolutioniert Autosektor, <https://www.mckinsey.com/de/news/presse/kunstliche-intelligenz-revolutioniert-autosektor > (2017-09-14) [Zugriff 2019-04-22]

Mortsiefer, Henrik (Bedrohung, 2017): Autonomes Fahren: Roboter-Lkw bedrohen Millionen Jobs, <https://www.tagesspiegel.de/wirtschaft/autonomes-fahren-roboter-lkw-bedrohen-millionen-jobs/19871754.html> (2017-05-31) [Zugriff 2019-04-25]

National Highway Traffic Safety Administration (Vehicles, o. J.): Automated Vehicles for Safety, <https://www.nhtsa.gov/technology-innovation/automated-vehicles-safety> (keine Datumsangabe) [Zugriff 2019-04-23]

Niemann, Anna (Audi, 2017): Machine Learning: Künstliche Intelligenz bei Audi, <https://blog.audi.de/machine-learning-kuenstliche-intelligenz-bei-audi> (2017-01-27) [Zugriff 2019-04-10]

Peter, Jörg (Software, 2018): Auto-Software-Updates: Ab sofort nur noch online?, <https://adac-blog.de/software-updates-rueckruf> (2018-06-25) [Zugriff 2019-04-25]

Potor, Marinela (Gewartet, 2017): Autonome Autos: Haben Hacker nur darauf gewartet?, <https://mobilitymag.de/autonome-autos-hacker> (2017-07-10) [Zugriff 2019-04-25]

Reckordt, Michael (Gerechtigkeit, 2018): Weniger Autos, mehr globale Gerechtigkeit – Diesel, Benzin, Elektro: Die Antriebstechnik allein macht noch keine Verkehrswende, <https://power-shift.de/weniger-autos-mehr-globale-gerechtigkeit> (2018-11-23) [Zugriff 2019-04-24]

Reiter, Anja (Lenken, 2018): Autonomes Fahren: Lenken war gestern, <https://www.zeit.de/2018/52/autonomes-fahren-umsetzung-sichrheit-arbeitsplaetze-zukunft/komplettansicht> (2018-12-17) [Zugriff 2019-04-10]

SAE International (About, o. J.): About SAE International, <https://www.sae.org/about> (keine Datumsangabe) [Zugriff 2019-04-23]

SAE International (Annual, 2017): 2017 Annual Report, <https://www.sae.org/about/annualreport/2017?tab=3> (2017) [Zugriff 2019-04-23]

Samuel, Sigal (Skin, 2019): A new study finds a potential risk with self-driving cars: failure to detect dark-skinned pedestrians, <https://www.vox.com/future-perfect/2019/3/5/18251924/self-driving-car-racial-bias-study-autonomous-vehicle-dark-skin> (2019-03-06) [Zugriff 2019-05-05]

Siegenheim, Veit (Geschäftsmodell, 2015): Cybercrime as a Service als Geschäftsmodell, <https://www.capgemini.com/de-de/2015/10/security-cybercrime-as-a-service> (2015-10-01) [Zugriff 2019-04-25]

Simanowski, Roberto (Todesalgorithmus, 2017): Künstliche Intelligent: Der Todesalgorithmus, <https://www.zeit.de/kultur/2017-09/kuenstliche-intelligenz-algorithmus-spam-autonomes-fahren/komplettansicht> (2017-10-02) [Zugriff 2019-04-10]

Stockburger, Christoph (Herstellern, 2016): IT-Sicherheit von Autos: "Man hat keine andere Wahl, als den Herstellern zu trauen", <https://www.spiegel.de/auto/aktuell/hackerangriffe-man-hat-keine-andere-wahl-als-den-autoherstellern-zu-trauen-a-1092224.html> (2016-11-01) [Zugriff 2019-04-25]

Stockburger, Christoph (Neuronale, 2017): Künstliche Intelligenz: Wie Autos durch neuronale Netze das Fahren lernen, <https://www.spiegel.de/auto/aktuell/kuenstliche-intelligenz-wie-autos-durch-neuronale-netze-das-fahren-lernen-a-1132759.html> (2017-02-04) [Zugriff 2019-04-10]

tagesschau.de (Unfall, 2018): Unfall mit Autopilot: Tesla kracht in Polizeiauto, <https://www.tagesschau.de/ausland/tesla-unfall-113.html> (2018-05-30) [Zugriff 2019-04-22]

Tesla Germany GmbH (Autopilot, o. J.): Autopilot: Fahren in der Zukunft, <https://www.tesla.com/de_DE/autopilot> (keine Datumsangabe) [Zugriff 2019-04-23]

TÜV Rheinland AG (Mehrheit, o. J.): Autonomes Fahren: Die Mehrheit vertraut dem Autopiloten, <https://www.tuv.com/de/deutschland/ueber_uns/presse/meldungen/newscontentde_322243.html> (keine Datumsangabe) [Zugriff 2019-04-25]

United Nations Treaty Collection (Transport, o. J.): Transport and Communications, <https://treaties.un.org/Pages/ViewDetailsIII.aspx?src=IND&mtdsg_no=XI-B-19&chapter=11&Temp=mtdsg3&clang=_en> (keine Datumsangabe) [Zugriff 2019-04-20]

Verband der Automobilindustrie (Forschung, 2017): Deutsche Automobilindustrie investiert über 40 Milliarden Euro in Forschung und Entwicklung, <https://www.vda.de/de/presse/Pressemeldungen/20171222-Deutsche-Automobilindustrie-investiert-ueber-40-Milliarden-Euro-in-Forschung-und-Entwicklung.html> (2017-12-22) [Zugriff 2019-04-22]

Verband der Automobilindustrie (Sicherheit, o. J.): Entwicklung der Sicherheit im Straßenverkehr, <https://www.vda.de/de/themen/sicherheit-und-standards/sicherheit/entwicklung-der-sicherheit-im-strassenverkehr.html> (keine Datumsangabe) [Zugriff 2019-04-22]

Volkswagen AG (Personalisierung, 2017): Personalisierung – individuelle Einstellungen auf Abruf: Arteon, T-Roc und Golf & Co. „erkennen" ihre Fahrer, <https://www.volkswagen-newsroom.com/de/pressemitteilungen/personalisierung-individuelle-einstellungen-auf-abruf-arteon-t-roc-und-golf-und-co-erkennen-ihre-fahrer-853> (2017-10-24) [Zugriff 2019-04-25]

Volkswagen AG (Lernt, 2017): Das Auto, das lernen lernt, <http://inside.volkswagen.de/Das-Auto-das-lernen-lernt.html> (keine Datumsangabe) [Zugriff 2019-04-10]

Walter, Guido (Geschäft, 2017): Das Geschäft mit dem autonomen Fahren, <https://www.morgenpost.de/wirtschaft/article212048631/Das-Geschaeft-mit-dem-autonomen-Fahren.html> (2017-09-26) [Zugriff 2019-04-25]

Wilson, Benjamin, Hoffmann, Judy, Morgenstern, Jamie (Inequity, 2019): Predictive Inequity in Object Detection, <https://arxiv.org/pdf/1902.11097.pdf> (2019-02-21) [Zugriff 2019-05-05]

WirtschaftsWoche (Autos, 2018): Toyota arbeitet mit Uber an selbstfahrenden Autos, <https://www.wiwo.de/unternehmen/auto/autonomes-fahren-toyota-arbeitet-mit-uber-an-selbstfahrenden-autos/22964554.html> (2018-08-28) [Zugriff 2019-04-23]

Wittenhorst, Tilman (Hinweisbilder, 2018): Autonome Autos: Uber will Fußgänger mit Lichtern, Tönen und Hinweisbildern warnen, <https://www.heise.de/newsticker/meldung/Autonome-Autos-Uber-will-Fussgaenger-mit-Lichtern-Toenen-und-Hinweisbildern-warnen-3997890.html> (2018-03-18) [Zugriff 2019-04-28]

Wuttke, Walther (Sauber, 2018): Autonom in eine saubere Zukunft, <https://www.daimler.com/innovation/next/autonom-in-eine-saubere-zukunft.html> (2018-08-09) [Zugriff 2019-04-25]